建築家の心象風景 ❸

大野正博

建築家の心象風景 ❸ 大野正博 MASAHIRO OONO

はじめに

20歳前後の「建築少年」時代、前衛的な雑誌や映画、前衛的な絵画や彫刻、特に高松次郎の彫刻作品からはずいぶんと刺激を受けた。今でも建築の表現などに高松次郎の思考を応用している。当時の建築雑誌、中でも『建築文化』には、建物の分析や解説がよく載っていた。その本を抱えて建物を見学に行き、ひたすら観察しながらふんふんなるほどと納得したつもりになっていた。ちょうどその頃『経験としての建築』（S・E・ラスムッセン）という建築理論の入門書が出版され、建築少年の私にとってバイブルのような存在になった。何度も読み返し、その知識をもとにあらためて建物見学に出かけた。探究心もさることながらフットワークは良かったようだ。美しい建築には感動したが、それ以上に醜い建築や見苦しい色や形態に対して拒絶反応が強かった。

　なんでもない路地や建物から変わった材料やおもしろい仕上方法などを見つけて「いつか使ってやろう」などと考えていた。凹凸による影の出方やほこりのたまり具合、それを流す雨による建物の汚れ具合など、ささいなことでも観察すればしただけ為になった。その頃発見したり考えたりした事柄には後になって活用しているものも多い。そんな日常を送っていたこの頃を仕込みの時代とでもいうのだろうか。

　同じ頃、以前からシステマティックな建築に興味を抱いていたこともあり、いろいろなグリッドシステムやパターンの基本形態や展開方法などの情報を収集していた。美しくデザイン処理されたパーツやそれを組み合わせる工法などが雑誌によく掲載されていて、それらからも貪欲に吸収していた。いつのまにか身体に染みつき刷り込まれた工法や空間を構成するデザインシステムが、現在の設計手法の素となっているように思える。

仮説と検証を繰り返すという試行錯誤のなかから、新しい発見や偶然の発見をする。そんな中から私の建築人生に大きな影響を及ぼしたエポックとなる建築がいくつかある。１９８２年に設計した「草加の家Ⅰ」は、徹底したローコスト建築に挑戦する最初の機会だった。全体的な制約のなかで不要不急のものを徹底的に省き、必要な機能を最小限に盛り込みながらコストダウンを図って全体を見苦しくなくまとめ上げることができた。この時の一連の作業で設計力が上がったように思えた。中庭を意識的に採り込んだ設計でその偉大さを実感したのが「馬込の家」。この作品で中庭は内部の延長だということを確信できたと同時に、空も一つの景色であることを認識した。その中庭の立体化に挑戦したのが「高井戸の家」。２階リビングのバルコニーからデッキの踊り場を介して１階の濡れ縁までつないだもので、その後の都市型住宅の手法の一つとなった。「両国の家」は鉄骨３階建ての２〜３階をリフォームしたもので、不可能と思える要望「緑の生成」を屋上の一部を抜くことによって実現し、既存建築の改造に自信を深めた。今回は収録されていないが、２００４年に設計した北向きの家である「港南台の家」は、北の景色やその明るさを建築に採り込んだもの。これ以降、北向きの家を提案するきっかけとなった。これらの建築たちを糧として、これからも設計活動に励んでいきたい。

大野正博

柴又駅の改札を出て、帝釈天の参道へと向かう。

建築家の心象風景 1

葛飾柴又の頃

1948（昭和 23）年、東京の葛飾柴又に生まれた私は、
帝釈天のすぐ近くの平屋に大家族で住んでいた。
柴又に暮らしたのは9歳までだが、
この頃すでに、建築家になりたいと考え始めていた。

帝釈天への参道入口。

柴又帝釈天と江戸川

私が生まれ育ったのは、東京の葛飾柴又。柴又といえば映画『男はつらいよ』の舞台として有名だが、第1作が公開された1969（昭和44）年には、私は既に柴又を離れていたため、映画や寅さんに特別な思い入れはない。とはいうものの、帝釈天《たいしゃくてん》があって、すぐそばには江戸川が流れるといった柴又の風景は、映画そのままだ。

昔も今も、柴又の中心は帝釈天とそこに至る参道だ。先日、久しぶりに京成金町線の柴又駅から帝釈天までの数百メートルの参道を歩いてみたところ、通っていた柴又小学校の同級生2人が、店を継いでいた。中にはさらに息子に店を譲ったという同級生もいた。東京の中でも、これほど住人や商店、そして街並みが変わらずに残っているところは珍しいのではないだろうか。

子どもの頃、この参道に今もある「田中屋」という店で親父がよく飲んでいた。酔いつぶれて帰れなくなった親父を、お袋や姉が「田中屋」に迎えに行ったこともあった。あとは、参道にガマの油売りが来ていたのも覚えている。子どもたちにとってはこれが楽しみで、一番前に座ってかぶりつきで見ていた。

今では葛飾柴又というと下町のイメージなのかもしれないが、私が生まれ育った60年ほど前は、町といえば浅草や上野のことで、柴又は原っぱばかりの田舎だった。江戸川の西岸には金町浄水場

左上／７人きょうだいの下４人と両親が映った家族写真。
眼鏡姿の親父、顔が見えないのがお袋、一番右が私。
右上／柴又駅前にある車寅次郎の銅像と一緒に。
学生の頃に寅さん映画の３本立てを観たが、
女が現れてふられて、現れてふられて。
３回ふられて一本の映画っていう印象で、
古典落語みたいなものだと思った。
下／久しぶりに参道を歩くと、子どもの頃の記憶が甦ってきた。

上／親父が行きつけだった「田中屋」の前で。
ここの娘さんが私と同級生だった。
下左／参道の漬け物店兼和菓子屋「以志ゐ」
の店舗は築160年以上。
もともとお店の部分は松戸にあったのを
解体して、ここに移築したそうだ。
下右／「以志ゐ」店主の石井さんは柴又小学
校の同級生。思い出話に花が咲いた。

があって、「矢切の渡し」という渡し船で向こう岸に渡ると、東岸は千葉県の松戸市。柴又はまさに東京の東の端っこなのだ。

子どもの頃は、土手から向こう岸の景色を見るのが好きで、川によく遊びに行った。土手を上るとバーンと遠くまで景色が広がって、富士山と筑波山が見える。小学生の頃、大雨で江戸川が増水していると聞いて、走って行って慌てて土手を駆け上がったら、すぐ足下まで水が来ていたこともある。その時の、川が海みたいになった景色は今も鮮明に覚えている。いつもと全く違う川の様子に怖くなって、家に飛んで帰った。

りんご箱にロウを塗ったものに乗って土手を滑り降りたり、浄水場の取水口のところでサヨリを釣るのを眺めたり、江戸川ではよく遊んだ。そうした記憶の一つに、ガキ大将に連れられて、江戸川の向こう岸、千葉県市川市にある里見公園まで遊びに行った日のことがある。ここは『南総里見八犬伝』で知られる里見城があった古戦場跡。そこに弁当を持って1日がかりで出かけるわけで、子どもにとってはまさに大冒険。「燃える砂を探す」とか言って、マッチとかロウソクを持って行った。

柴又の家での暮らし

私は7人きょうだいのど真ん中で、上2人と下2人が女で、真ん中3人が男。一家が柴又で暮らすようになったのは、太平洋戦争の強制疎開で移

「矢切の渡し」で江戸川を渡ると、向こう岸は松戸。子どもの頃、向こう岸での決闘の立会人をすることになった。
船に乗って向こう岸に着く頃には、当人たちも楽しくなっちゃって「もういいだろう」ということになった記憶がある。

ってきたからだと聞いている。その前は墨田区の本所深川に住んでいた。戦後3年経って生まれた私は、両親にとって柴又で生まれた初めての子どもだった。

親父は書画筆耕を仕事にしていて、字と画が上手かった。さらに父の父、私にとってのじいさんは簪《かんざし》や歌舞伎役者の煙管《きせる》をつくる飾り職人だったというから、手先の器用さは親父のほうの血として伝わっているものかもしれない。じいさんの作品は残っていないが、煙管を一つ作ると1年暮らせたらしいから、腕のいい職人だったのだろう。

大野の家は、このじいさんの代に、愛媛県松山から東京の本所深川に出て来たという。その後、柴又に疎開した時の東京大空襲で、家系図などはすべて焼けてしまったそうだ。ちなみにひいじいさんは松山藩の侍だったが、刀を取られて八百屋を始めたと聞いている。

お袋は、親父に言わせると「仏様みたいな人」。いつも笑顔で、大家族を切り盛りしていた。お袋は水戸の出身で、生家はおもちゃ屋さんだったと聞いている。親父とお袋がどのように出会ったのかは聞いたことはないが、とにかく東京で出会って結婚したようだ。

私が生まれ、9歳まで暮らした柴又の家は、帝釈天の南側、今の柴又7丁目にあった。平屋建てで、間取りは6畳と8畳、3畳の3部屋に加えて、「ベランダ」と呼んでいた6畳の板の間、そして台所と風呂と玄関だった。この家に、私たち一家と父の妹、そして私の従兄弟《いとこ》が一緒に暮らしてい

柴又小学校の１年生の最初の遠足が江戸川の土手の桜見物だった。土手でノビルやツクシを摘んで持って帰ると、
お袋がおひたしをつくってくれた。ヨモギはお団子屋さんが草餅用に摘み、桜の花も塩漬けにしていた。

た。部屋の割り振りは、3畳がじいさんの部屋で、6畳が叔母と従兄弟、8畳に私の家族。家族が一番多かった時は、8畳と3畳に家族9人で寝ていた。

玄関はわりと広かったけれど、玄関とつながる6畳間は叔母たちが占めていたから、私たち一家は玄関を使わず、縁側と勝手口から出入りしていた。私はよく、玄関ホールがなく、広い土間が玄関の役割を果たす家を設計するが、その原点はこの柴又の家かもしれない。玄関がない家は、土間や縁側でお茶をごちそうになってさっと帰れる気軽さがいい。

高須賀さんとの出会い

一緒に暮らしていた従兄弟は、私より15歳年上で、高校を卒業すると同時に柴又の家を出て行った。このとき私は3歳だったので、残念ながら私には同居していた頃の記憶はない。この従兄弟こそが、私が建築の道に進むきっかけとなった人物、高須賀《たかすが》晋《すすむ》だ。

私が生まれる前のことだから詳しくはわからないのだけれど、高須賀さんは松山で生まれて、その後東京に出て来たと聞いている。当時高須賀さんの母親は既に亡くなっていたから、高須賀さんのお母さんの妹であり私の親父の妹、つまり私にとっての叔母が高須賀さんの親代わりだった。

その叔母は新宿にある「文化服装学院」で洋裁の先生をしていた。七色に光る生地を使って自分

右ページ／帝釈天の大鐘楼の下で。私は家が帝釈天のすぐそばだったこともあって、
いつも決まった時間に鳴る帝釈天の鐘や太鼓を時計代わりにしていた。
上左／参道の店にはだるまが並んでいた。　上右／高さ15メートルの大鐘楼は総檜づくり。

でつくったチャイナドレスを着て柴又の町を歩いていたから、すごく目立っていた。高須賀さんが家を出た後、この叔母はまだ小さかった私をずいぶんかわいがってくれた。一緒に「月光仮面」の映画に連れて行ってもらったのを覚えている。

高須賀さんに話を戻すと、高校卒業と同時に清水建設に入社して、すぐに結婚して子どもが生まれた。その後、交通事故で右腕と左手の指3本を失うが、この時はまだ20歳くらいだったはずだ。その事故の後に、兄と姉2人に連れられて、世田谷にあった清水建設の社宅に高須賀さんを訪ねたことを覚えている。これが、私が高須賀さんに会った一番古い記憶だ。

当時の高須賀さんは、清水建設に籍を置きつつ、知人から依頼された住宅の設計をしていた。その住宅を建築雑誌に発表することになり、会社にばれないように高矢晋《たかやしん》というペンネームを使った。その高矢晋を見いだしたのが『住宅建築』の編集長だった立松久昌さんだと聞いている。

一緒に暮らした記憶はないものの、柴又の家では高須賀さんのことは「建築家になった兄貴分」として、しょっちゅう話題になっていたから、どんな人なのかと気になっていた。そして、小学校に入ったかどうかという時に高須賀さんに会い、設計した住宅の載っている雑誌を見せてもらって、なんて格好いいんだろうと思った。この時から、私は高須賀さんを通じて「建築家」という職業を意識し、憧れるようになったのだと思う。それからは、授業中にもノートの端っこに建物の絵ばっかり描くようになった。

もっとも、高須賀さんの影響を受けたのは私だけではなく、5歳上の兄も同じ。高須賀さんは柴又の家から安田学園の建築科に通っていたが、私の兄はそれを追うように墨田工業高校の建築科に入学した。

帝釈天の大鐘楼

6歳で高須賀さんに初めて会った頃、後から考えればあれも建築の道に進むきっかけになったのかもしれないなという出来事があった。それは、帝釈天に鐘撞き堂が建立されたこと。完成が1955（昭和30）年だから、私は7歳。この鐘楼を建てる様子に興味をもった私は、棟梁が刻みを行うところから、完成後の落成式やお祝いの行列が盛大に行われるところまで、毎日帝釈天に通って見学した。

刻みは、境内の端っこに設けられた下小屋で行われていた。子どもだから鐘楼の材料になることもわからなかったけれど、施される彫り物なんかもとにかくすごくて、毎日毎日通い詰めた。そのうちに、刻んだ材が鐘楼として建てられ、建物ができた頃には大きな鐘がトラックで門前に運びこまれた。

大人になってから調べてみると、この帝釈天の大鐘楼は、名匠とうたわれた林亥助棟梁の作らし

参道の入口にて。子どもの頃、このあたりにガマの油売りが来ていた。

い。そうすると、私があの時くっついて見ていた棟梁が林さんだったのだろうか。細かなやりとりは覚えていないけれど、幼いながらに職人の仕事ぶりに感銘を受けていたのだと思う。この大鐘楼は、帝釈天のガイドブックに「関東一の鐘楼」なんて紹介されているけれど、たしかに今見ても立派な建築だ。

ガキ大将時代の遊び

子どもの頃は、テレビもなかったし、家ではほとんど遊ばなかった。その頃の柴又は、めったに車も通らなかったから、道や空き地が遊び場だった。ガキ大将だったから、手下を引き連れて、毎日「今日は何するかな」なんて言っていた。どうして私がガキ大将になったかというと、里見公園に連れて行ってもらった時のリーダーの資質バッチリだったガキ大将が引退してからというもの、誰も後を継げない状態がしばらく続いたから。でも、遊ぶ時にリーダーがいないと楽しくない。そこで、仕方なく私が継ぐことになった。私はケンカは弱いんだけれどね。

家の庭の片隅に大きな木があって、その上に仲間たちと簡単な小屋をつくった。それで、1丁目と2丁目と3丁目に分かれて、戦争ごっこや泥合戦をやった。その時の私の役目は、木の上の小屋から命令を出す指令官。物干竿を振り回して「行けー!」と叫んだり「引けー!」と言ったり。結局はどっちも勝たないしどっちも負けないという

上／駅から参道までの商店街を歩く。
下左／小学校高学年頃の私（右）。
友達と一緒に。
下右／参道のつきあたりが柴又帝釈天。

戦いだったけれど、楽しかった。

あと盛り上がったのは面子《めんこ》。基本的なルールは、地面に置いた面子を、別の面子でぱちんと叩いて勝負する。でも通り1本隔てただけで勝ち負けの決め方が違ったりする。私たちの仲間のルールでは勝負の度に1枚ずつやりとりしていたが、長屋に住む子どもたちのルールでは、1回負けるとゴソッと50枚取られる。そのかわり勝てば倍になって帰ってくる。だから、長屋に遠征に行く時は、みんなで面子を出し合って塊みたいにしてから乗り込む。面子にロウを塗って厚く重くしたり、いろいろと作戦を立てたりもした。

隣町へ引っ越す

柴又小学校3年生の6月に、私たち一家は隣町の新宿《にいじゅく》に移った。たぶん大家に追い出されたのだろう。ベランダに外から板を打ち付けられて、住めないようになっていたのを覚えている。けれど、一緒に住んでいた叔母は、自分のスペースの家賃を払っていたからなのか、その後もこの家の6畳間に1人で頑張って暮らしていた。

引っ越した先は、中川という川のわきでお墓のそば。そこに建っていた安物の蔵を住宅に改造して、4畳半と3畳に9人で暮らした。引っ越した時は、トイレはあったけれど便器がなくて、ただ穴が開いていた。だから、自分たちで便器を買って来て、便器のかたちに穴を調整して設置した。さらに、4畳半の窓が、どこかから持って来たの

柴又駅。京成金町線は、高砂、柴又、金町の３駅しかない。

だろうという窓ガラスが1枚パカンとはめてあるだけ。いわばはめ殺しなんだけれど、それだと風が抜けないからと、まん中のところを外してフレームを取り付けて開くようにした。今でいうと、猫用の窓みたいな感じ。振り返ると、小学校3年生が家のリフォームをやったわけで、親もよくやらせたなと思う。

小学校4年生か5年生の時には、鳥小屋をつくったのを覚えている。隣町の高砂の材木屋さんに材料を買いに行った。当時は板1枚いくらで売っていて、削ってくださいって言っても、板1枚の値段は変わらなかった。要は削り代はとらなかったわけだ。材木屋さんに鉋の刃を研いで板を削れる職人がいたということで、そう考えると昔は面白かったなと思う。

柴又の家もそうだったけれど、この新宿の家も蔵だから玄関がなかった。よく考えると、私は、勤めに出て下宿するまで自分の部屋を持ったことがなかったし、結婚するまで平屋でしか暮らしたことがなかった。だからなのか、今でも仕切りや個室はなるべくつくりたくない。それよりも、家族みんなが一緒にいられる大部屋が好きだし、土間や縁側のある出入りしやすい家がいいと思う。そう考えると、子どもの頃に大家族で住んだ家とそこでの暮らしが、私の住宅設計の原点といえるのかもしれない。

さまざまなことを思いながら、柴又駅前の線路を渡る。

建築家の心象風景 2

建築の道を模索する

中学・高校時代から建築家を志した私は、
18 歳で圓堂政嘉氏が主宰する設計事務所に入所する。
初めて勤めた事務所で多忙な日々を過ごす中で、
大学でじっくり学びたいという気持ちが芽生え始めた。

墨田工業高校の校舎。正門に月桂樹が植えてあった。
飾り門は「墨工祭」の建築科有志の作品。

高校時代の 1 枚。

進路を決める

東海道新幹線が開通し、東京オリンピックが開催されたのは、私が高校1年生だった１９６４(昭和39)年。まさに高度経済成長期まっただ中に、私は中学・高校時代を過ごしたわけだ。こうした世相を反映して、私が通った葛飾区立常盤中学校は、団塊の世代の生徒数増加に対応するために急遽つくられた学校だった。中学生の時には「建築家になる」と決意を既に固めていたから、高校は迷うことなく墨田工業高校の建築科に進学した。墨田工業高校は、五つ年上の長男も通っていた学校だ。

ちなみに東京オリンピックの直前に、従兄弟の高須賀晋は清水建設に籍を置きつつ、青山にパース事務所を立ち上げていた。当時のパースは手描きで貴重だったから、お金も相当稼げた。墨田工業高校を卒業した兄は、当初は銀座の設計事務所に勤めたけれど、すぐに青山のパース事務所へ移って、高須賀さんの下で働くようになった。私も兄貴のパース描きを手伝うようになり、どんどんパースが得意になっていった。

そんなわけで、高校時代の私は、パースは上手いし、建築に関してはとにかく天才だった(笑)。建築の分野に限れば、入学してから卒業するまでずっと主席。だから、3年生になって進路を考え始めた頃には、自分は天才だからどこの設計事務所でも入れると本気で思っていた(笑)。そこでトップクラスの設計事務所を四つリストアップ

雑誌『ニューハウス』1965（昭和40）年4月号の墨田工業高校の生徒の作品ページに掲載された「WEEK END HOUSE」。当時からワンルームの間取りを提案している。

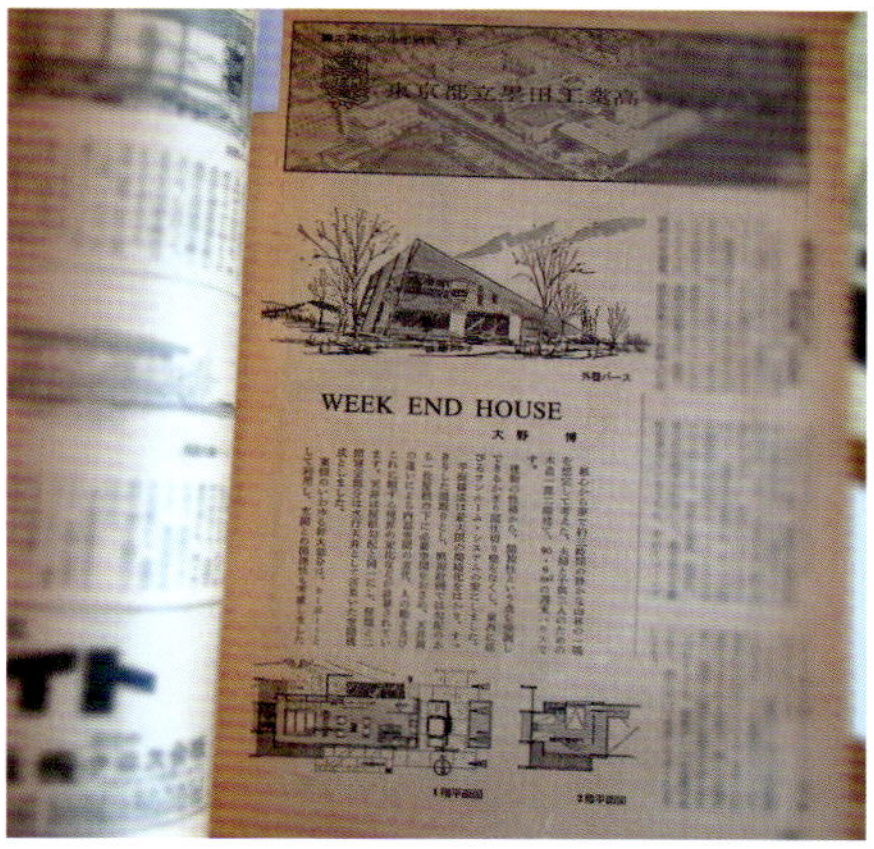

上／高校時代の学園祭（墨工祭）での１枚。２年生と３年生の２回応募して、最初は佳作、２回目には最優秀賞をとった。左から２番目の法被を着ているのが私。
下左／高校の製図室。コンペの時などは徹夜することもあった。
下右／製図台に向かう高校時代の私。

して、高須賀さんに「どこに行くのがいいでしょう?」と聞いたら、高須賀さんは「これから一番伸びるのは、圓堂政嘉だろう」と答えた。

そこで、担任の富井先生に「圓堂事務所に行きます」と言った。けれど、圓堂政嘉先生といえば、当時芸術選奨文部大臣賞や日本建築学会賞を毎年のように受賞していた一流の建築家。そんな事務所からうちの高校に求人が来ているわけがない。慌てた富井先生は、圓堂事務所を訪ねて「うちの高校に入所希望の生徒がいる。ついては一度会ってもらえないか」と交渉してくれた。

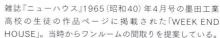

そのおかげで圓堂事務所の試験を受けられることになった。その試験は、夏休みに2週間事務所にアルバイトに通うというもの。アルバイトの最終日に、2週間で描いた図面と高校で描いたスケッチを持って、所長である圓堂政嘉先生の面接を受けたところ、「いいでしょう」ということになり、入所が決まった。

ところで、高校の富井先生は熱心というか、変わった人だった。図面が下手くそな同級生が有名設計事務所に合格したと聞いて不思議に思っていたら、なんと先生が勝手に私の描いたパースをそいつに貸していた。そいつは私のパースを試験に持っていって、それで受かっちゃった。

圓堂事務所での経験

私が圓堂事務所に入ったのは、1966（昭和41）年で、圓堂先生は40代半ば。所員は当時40人

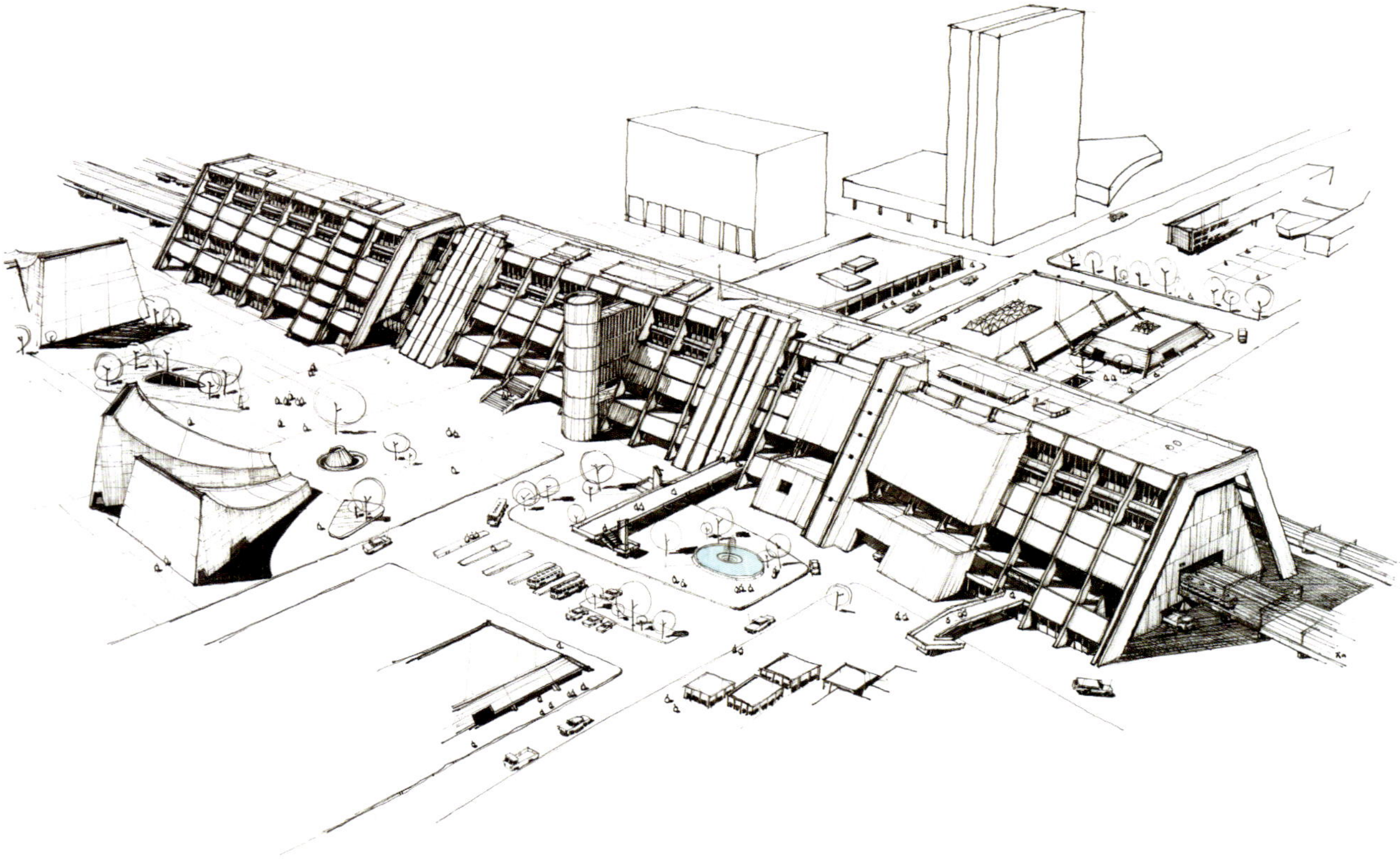

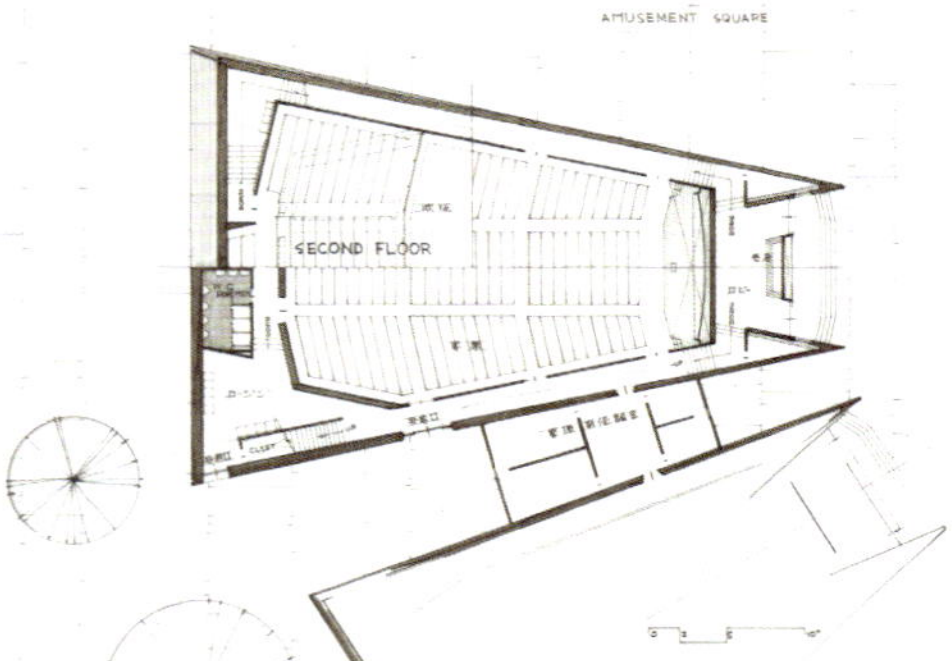

PLAN S=1:200

INNER PERSPECTIVE

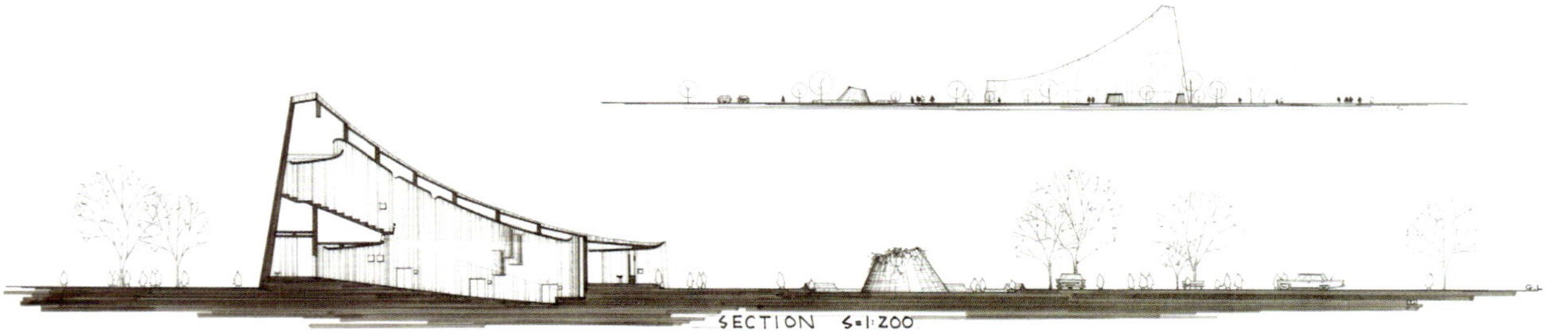

SECTION S=1:200

高校の卒業制作は「金町駅の再開発」。金町駅は、柴又町の隣の金町にある駅で、国鉄と京成線の２路線がある。実際のところは、京成金町駅は京成線の終点なので、常磐線の手前で線路が終わるのだが、私の設計ではそれを突っ切って、京成線の線路を埼玉方面まで伸ばした。駅前広場に映画館とかもある。要は、身近なターミナル駅である金町駅を、「こんな駅にしたい」という観点から設計し直したわけだ。

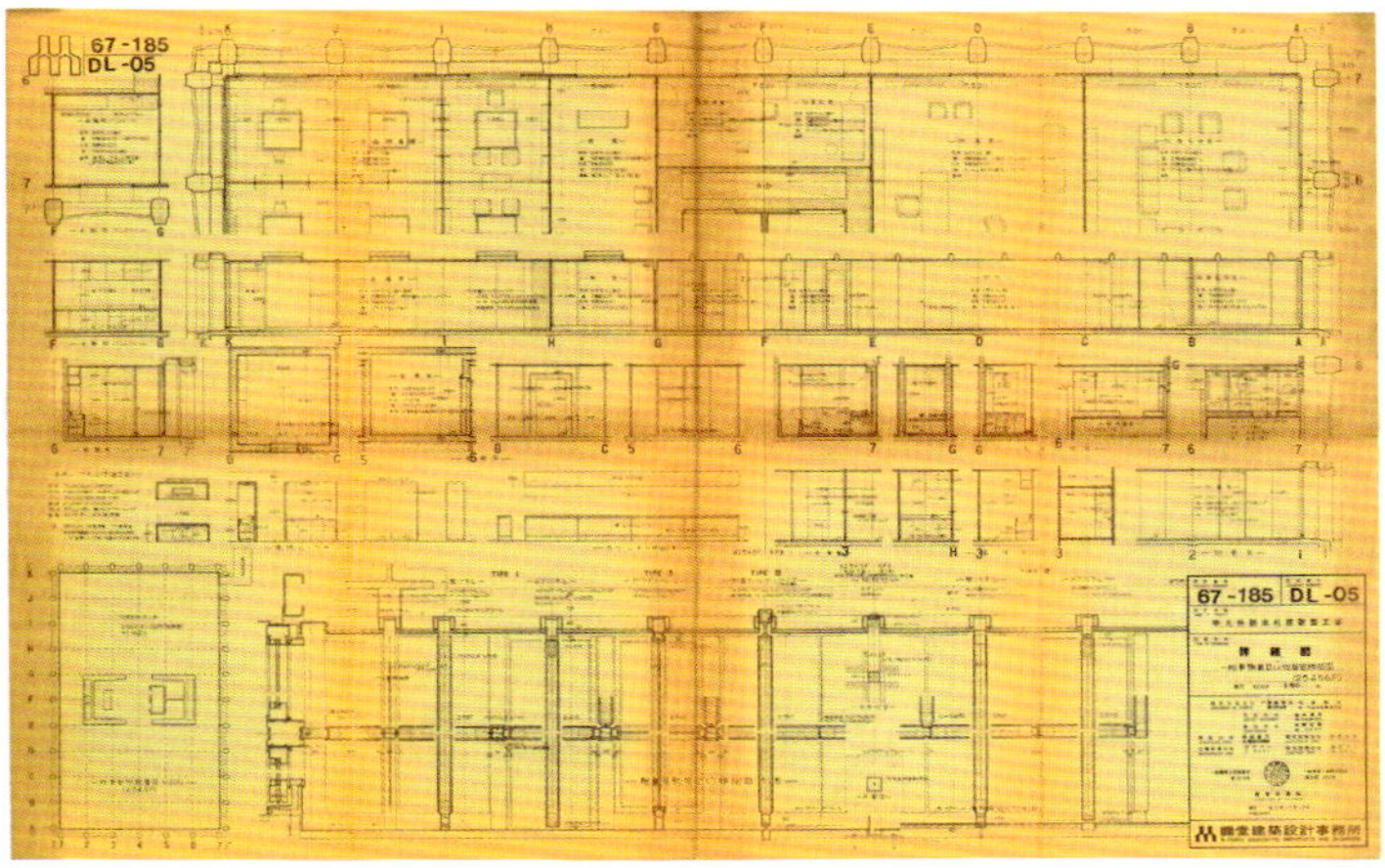

上左／圓堂事務所時代につくった模型。
上右／同じく圓堂事務所時代に設計を担当した平凡社の図面。

ほどいただろうか。ちょうど私が入所した年に新宿の京王百貨店や山口銀行本店などで芸術選奨文部大臣賞を、前年には岩手花巻の旅館「佳松園」で建築業協会賞を受賞しており、事務所は人手が足りなかったようだ。そのせいか、6人も新卒を採用していた。6人のうち、高校出は私だけで、他の5人は大学を卒業していた。

でも、圓堂事務所はとにかく厳しかったから、6人の新卒のうち、1年後には半分くらいしか残らなかった。設計事務所の世界は、もともとが縦社会で、新卒は先輩に弟子入りする感覚で仕事を覚えていくもの。私が勤め始めた頃は、世間ではその徒弟制度が薄れてきていたが、圓堂事務所にはしっかりと残っていて、新入社員の最初の仕事は上司や先輩の鉛筆削り。ひたすら鉛筆を削るだけの毎日で、同級生にその話をすると「そんなことやらされてるの？ 俺たち図面描いてるぜ」って言われて、なんとも焦ったものだ。

圓堂先生は早稲田大学出身なので、事務所にも早稲田出身者が多かった。その中でも吉阪隆正研究室出身の先輩が、なぜか私をかわいがってくれた。その先輩が現場に行く時は、必ず私も連れていく。なにか手伝えるのかと期待してついていくと、ただ一緒に歩くだけ。現場の周辺をぐるっと回って帰って来たりで、こちらはがっかり。今思うと、たぶんいろいろと話してくれていたのだろうが。

結局、圓堂事務所には3年間お世話になった。この間に、最高裁判所のコンペや平凡社の本社ビルの設計など、規模の大きな仕事に携わる機会を与えてもらった。

圓堂政嘉先生のこと

圓堂先生は、村野藤吾の弟子にあたる人。村野藤吾から数寄屋建築の技法を学んで、もちろん師を尊敬してはいるのだろうけれど、設計は村野とは対極の超合理主義。アメリカに傾倒していて、カーテンウォールとか、全館自動空調といった技術を日本でいち早く取り入れていた。こうした師のやらないことに取り組むというのは、なんとなくわかるような気がする。大先生である村野藤吾と同じことをしていたら、絶対に勝てないから。

そんな中で異彩を放つ作品が、圓堂先生の出身地である岩手県の旅館「佳松園」だ。私は「佳松園」を見たとき、村野藤吾設計の数寄屋建築の傑作「佳水園」にそっくりだと思った。これは、真似をしたというよりも、師である村野藤吾に教わったことを全部そこで吐き出したということなのだろう。圓堂事務所では、そうした師弟関係の微妙なあり方や機微といったものを、なんとなくだが感じさせてもらったように思う。

私は高須賀さんから多くの影響を受けているけれど、建築に対する姿勢みたいなものに関しては、圓堂先生に教わったことが大きい。圓堂先生はすごく厳しい人で、どんなことにも手を抜かなかっ

圓堂事務所時代に担当した現場で撮影した写真。ディテールへのこだわりが感じられる。

た。そうした姿勢は私にも染み付いていて、たとえちょっとした図面を描くのでも、俺は楽しむんだって決めてベストを尽くす。そうするとつまらなさは薄まって楽しめる。儲かるか儲からないかは別として、どんなことにも決して手を抜かない。そして、そのことは誰にも気づかれなくていい。それが職人の誇りだと思う。私は建築家は職人だと思っているけれど、それは圓堂先生に接する中で学んだことだ。

浪人時代に通った呑み屋

圓堂事務所に3年勤めた後、私は事務所を辞めて、浪人して大学を目指すことにした。大学を目指したきっかけの一つには、周りが大学出ばかりだったことへのコンプレックスがあったかもしれない。でももっと大きかったのは、とにかく毎日毎日残業続きで、朝から晩まで図面ばかり描かされること。毎日終電だし、泊まり込みもしょっちゅう。勉強したり考えたりする時間が全くとれなくて、もっとじっくり建築に取り組みたいと思い始めた。

浪人中は家を出て四谷三丁目に4畳半のアパートを借りていたけれど、家賃を払うのもやっと。せんべい1袋を朝昼晩に分けて食べたりして、栄養失調になりかけた。

この頃、新橋駅前ビル1号館の地下にあった「和田」という呑み屋によく行っていた。そこには高須賀さんをはじめ、建築評論家の藤井正一郎

大学時代に設計した広島の別荘（未着工）。
浪人時代から大学時代にかけて、生活費や学費を稼ぐために大量にパースを描いた。
全て手描きで、３日ぐらい集中して描くので、描き上げる頃には背中がパンパンに張る。

さん、『住宅建築』編集長の立松久昌さんなんかが常連でいた。しょっちゅう行っていたけれど、浪人生で金がないから、私は一銭も払ってない。一緒に呑む先輩方が払ってくれたり、1人の時は店のママが「出世払いでいいよ」とか。

私はここで、建築の先輩方やお客さんたちから多くのことを教わったと思う。酒の呑み方を教えてくれたのは立松さん。立松さんはよく「呑み屋は、一に人、二に味、三に値段」って言っていて、それは今でも私の価値判断のベースになっている。

「和田」のママさんはきっぷのいい人で、私は本当にお世話になった。ママが「えいっ」てポケットに何かねじこんで、それを後で見るとお金だったり。ただで呑んで、その上お小遣いまでもらっていたわけだ。ママさんの息子が私と同じ年だったこともあって、20歳を過ぎて浪人している私を気の毒に思ってくれたのだと思う。いつか恩返しをしなければと思っていたけれど、かなわないまま店がなくなってしまった。

憧れの大学に入ったものの

一浪の末、なんとか引っかかったのが日大の芸術学部美術学科だった。本当は建築学科に入りたかったけれど、工業高校の学力がベースでは、とてもじゃないけれど受からなかった。

22歳にして憧れの大学にやっと入れたわけだが、いざ入学すると、あまりにも周りがバカに見えて、物足りなかった。こっちは一生懸命稼いで学費を

1974年に設計したスキーロッジ（未着工）の模型。

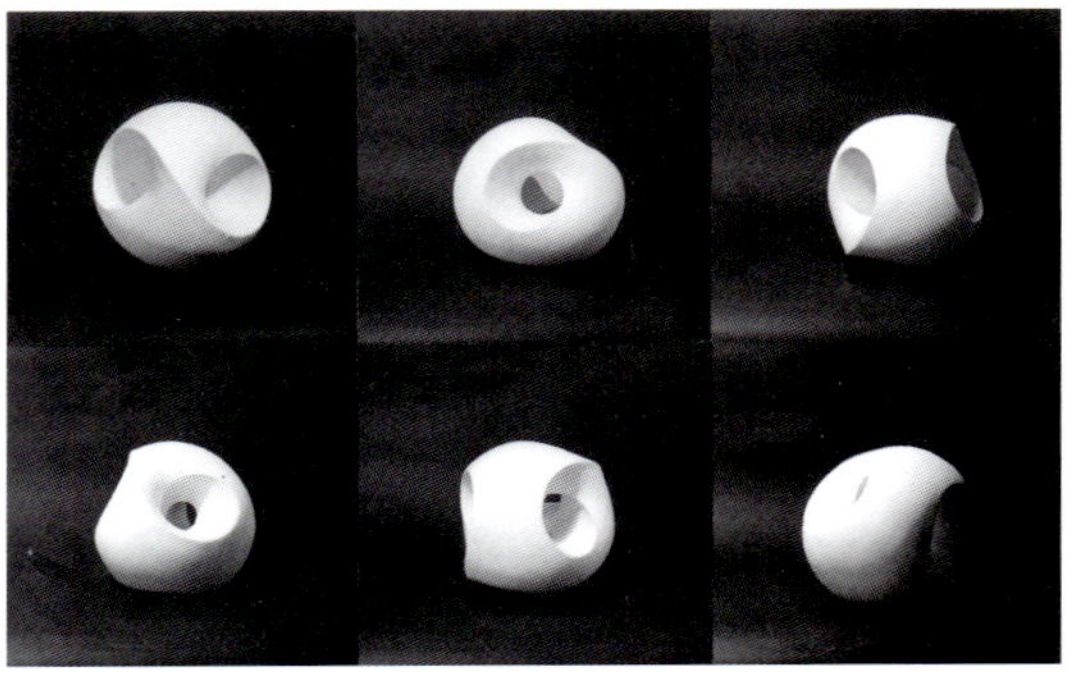

大学時代につくった立体石膏。大学時代は立体への興味から、彫刻にひかれて、彫刻家になりたいと思った時期もあった。

払っているのに、しょっちゅう休講になる。そうすると、まわりはわーっと喜ぶ。私1人が「勝手に休みやがって」って怒っていた。授業を受けても、パースを描けば先生より自分の方が上手いし、すぐに辞めたくなった。

退学しようかと悩むうちに、秋になった。10月頃、辺鄙なところに行って将来をゆっくり考えてみようと思いたち、1人で佐渡へ旅に出た。冬の日本海を見てみたかったのかもしれない。ところが、行ったら本当に何もない。海岸を散歩すればカラスばっかり。ヒッチコックの映画『鳥』を思い出して、旅館に逃げ帰った。

仕方ないから酒でも呑むかと出かけても、店がない。ようやく見つけたところに入ったら、そこでは漁師さんたちが呑んでいた。方言のせいで何を話しているのかは半分くらいしかわからなかったが、活気のある呑みっぷりに、頑張って働いている人たちは元気がいいなと思った。そんな元気な漁師さんの姿を見ているうちに、不思議と大学を辞めずに続けようと思った。大学にもきっといいところはあるだろうし、入った以上は全うするかって。

上／大学時代に、友人との倉敷旅行での１枚。右が私。
下／大学の友人が描いた仲間たち。左から２番目が私。

パースで学費を稼ぐ

大学時代は「特別奨学金」というのをもらっていたが、基本的には学費と生活費を自分で稼いでいた。奨学金が出る日は友達が一緒についてきて、事務局でお金を受け取ると、すぐにみんなでおでん屋に呑みに行っちゃう。卒業後、この奨学金を返すのが大変だった。つい最近まで、奨学金を期日までに返していない夢を見て、夜中に「うわあっ」と目が覚めていたほど。あとは、単位が足りなくて大学が卒業できないと慌てる夢もよく見たものだ。

大学時代の稼ぎの中心だったのが、パース。高校の同級生の設計事務所や建設会社の設計部などから仕事を受けていた。締め切りが近づくと徹夜でパースを描いて納めて、それで授業に行けなかったなんてこともあったほどだ。さらに、私が大学に入った１９７０（昭和45）年には、高須賀さんが清水建設から独立して、自分の設計事務所を開いていたので、高須賀さんの仕事の手伝いもしていた。そんなふうに稼ぎながら、なんとか大学を卒業した。

上／阿佐ヶ谷にある現在の事務所で。
下／事務所には設計に使う道具はもちろんのこと、ヒントになるようなガラクタもたくさん置いてある。

建築家の心象風景 3

DON工房での出会い

大学在学中に「DON工房」を立ち上げた私は、
卒業後、本格的に建築家として歩み始めた。
以来、多くの人との出会いに支えられて、
これまでに200軒近い家を設計してきた。

高須賀さんとの貴重な1枚。

建築家として働き始める

大学に通いながらパース描きで稼いでいた私は、2年生のときに設計事務所「DON工房」を立ち上げることになった。それは、高校時代に世話になった高木先生から「お前、建売住宅の設計を頼む」って言われたから。高木先生は「学生だから、あいつなら安くやってくれるから」って。そこで仕方なく、私の名前で確認申請をとれるようにと2級建築士事務所の登録をした。2級建築士の資格は既にとっていたので、これが「DON工房」のはじまり。2級に合格すると、また実務経験何年かで1級が受けられるので、大学4年の時に1級の試験を受けて合格した。

大学卒業後は、建築家として働き始めたわけだが、簡単に設計の仕事が入ってくるわけがない。相変わらずパースを描いて稼いでいたが、毎日往復のバス代と弁当だけ持って出掛けて、それ以外は一切お金を使わないという毎日だった。そんな中で、27歳の時に設計した「入間の家Ⅱ」（34ページ参照）が、初めて『住宅建築』に掲載された。写真家の岡本茂男さんに撮影していただいたことをよく覚えている。

DON工房としての仕事とは別に、高須賀さんの手伝いもしていた。当時の高須賀さんは、写真家の畑亮さんと『住宅建築』で「日本の集落」という連載をしていて、日本中を飛び回っていた。ほとんど東京にいない高須賀さんに代わって、実

27歳の時に設計した「入間の家II」のスケッチ。

『住宅建築』スキー旅行でのひとコマ。右から平良さん、私。

雑誌『住宅建築』のスキー旅行に同行。右から２番目が私、３番目は平良敬一さん。

施設計、確認申請、現場の監理などを私がやっていた。30代半ば頃まで高須賀さんの現場を手伝わせてもらったことで、ずいぶん鍛えられたと思う。高須賀さんは東京にいる時は、甚平に下駄履きといういつもの姿で現場にやってくる。ある日、犬を連れて現場を見に来たところ、大工に追い出されたそうだ。「私が設計した」と言っても、大工から「お前なんか知らん」って言われたって（笑）。

結婚したのは、大学を卒業した年、26歳の時。女房は、私の兄が始めた青山のパース会社に勤めていた人。年は一つ下で、パース会社に勤めるくらいだから絵が描けるのはもちろん、文章も書く。後から聞くと、小学生の頃に少女作家として、４冊も本を出版していたという経歴の持ち主だった。本人はチヤホヤ持ち上げられるのがイヤで、５年生で筆を折ったという。

ローコスト住宅の真髄

自分の中ではっきりと「DON工房のコンセプトが固まった」と思ったのが、34歳の時に設計した「草加の家I」（１４６ページ参照）だ。

この家は、東武伊勢崎線の高架化工事にあたって移転を余儀なくされた施主が、予算９００万円で曳き家か建て替えを希望していた。当時の相場で新築は１５００万円〜２０００万円ほどだったが、結局50万円オーバーの９５０万円という超ローコストで建てた。予算がないからシンプルにならざるを得なかったが、いい家になった。この「草

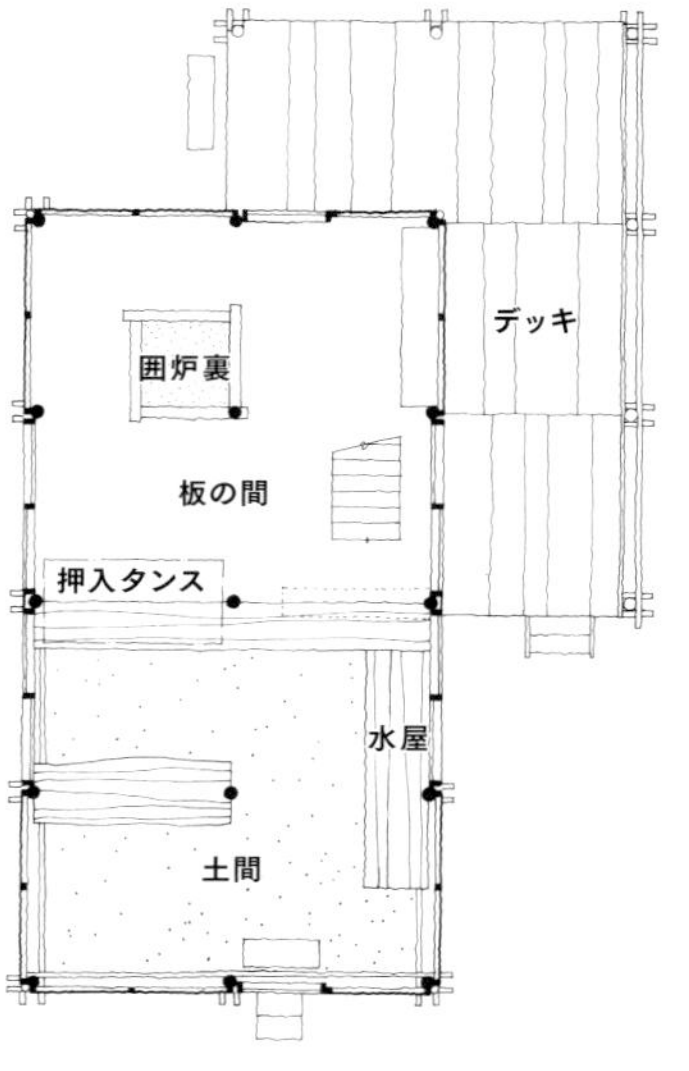

栗の木小屋平面図

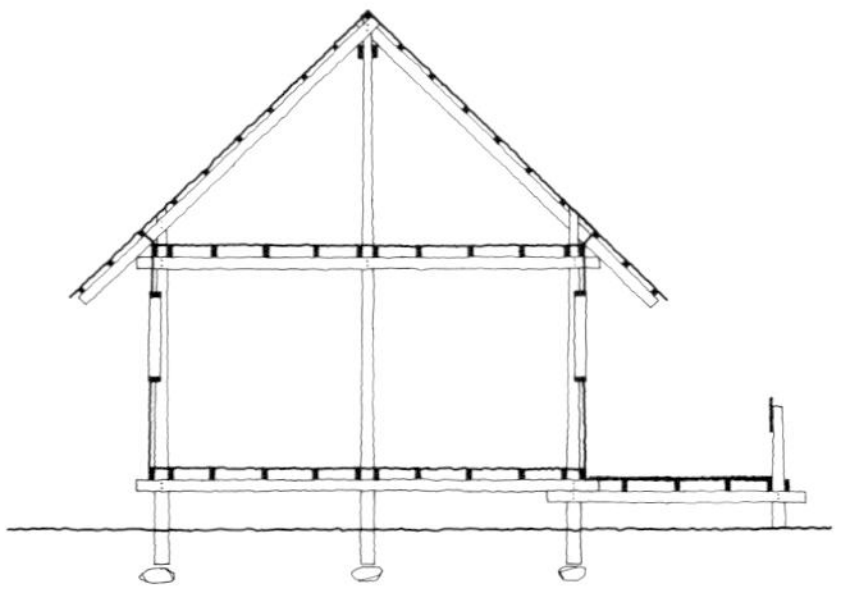

断面図

高須賀さん設計の「大北邸」建設中のひとコマ。(撮影・大北 寛)

加の家Ⅰ」で、お金がなくてもいい家ができるという自信がついた。

　余計なものをどんどん省いていくと、研ぎすまされてすごくいいものが残る。その時に「どうせ金ないんだから、これでいいや」ってやっちゃうとバラックになってしまう。そのいい例が長屋だろう。深川の江戸資料館に長屋が再現されているが、初めて見た時、その美しさに衝撃を受けた。余計なものが全くなくて品格があり、美しい。貧乏人の家だからといって、必ずしも安っぽかったり、野暮ったいわけではないのだ。

　予算のない建物でも格好よく設計できる。私がそう考えているせいだろうか、私に依頼してくる施主は、なぜかお金のない人が多いような気がする。たまにお金持ちから依頼があると、話が壊れちゃったり（笑）。

建築の原点を見た「栗の木小屋」

この頃の設計で印象深いものに、「草加の家Ⅰ」と同じ年に建てた「栗の木小屋」がある。これは住宅ではなくて、「入間の家Ⅱ」の建主が持っていた空き地に、有志を募って建てた、仲間と楽しむための小屋だ。

　この小屋は、素人が毎週日曜日に計7回集まって工事して、都合7日間で建てた。1週間以上やったら皆だれちゃうだろうと考えて、何がなんでも7日で仕上げようと計画した。囲炉裏や建具も自分達でつくり、照明の配線も仲間が全部やった

上左／栗の木小屋をつくっていたのは夏。終わった後のビールが楽しみだった。
上中／祭では家族も含めたくさんの人が来て、飲んだり食べたり騒いだ。
上右／栗の木小屋の祭の風景。私は神主役を務めた。
下／祭の様子は、当時『週刊宝石』のグラビアページに掲載された。

から、人件費はゼロ。資金は有志が1人2万円ずつ出し合ったもので、たしか80万円くらい集まった。以前DON工房で働いていたスタッフが工務店を経営していたので、資材は原価で提供してもらった。だから、かかったのは材料費の55万円だけ。残ったお金は、皆でビールを飲んで騒いだ。

この小屋を使って何をしようかということになり、御神輿をつくって祭りをやったのも懐かしい思い出だ。神輿もちゃんと図面を描いて設計し、祭りの前の晩に一晩でつくった。私も含めて、仲間たちも結婚していたり子どもがいたりする人が多かったから、祭りは家族ぐるみで盛り上がった。

1軒の家から広がった縁

東武伊勢崎線の高架化で移動を余儀なくされたことから生まれた「草加の家Ⅰ」と施主の石関さんは、その後、DON工房に多くの出会いをもたらしてくれた。

線路脇に建っていた「草加の家Ⅰ」を、電車の中から見た人が「あの家をつくった人に設計してもらいたい」と、突然石関さんを訪ね、私の連絡先を聞いた。これがきっかけとなり、藤沢に「亀井野の家」（40ページ参照）が建った。次に、別の人が「家を建てようと思うが、どうもこの家が気になる」と、また石関さんを訪ねた。それでまた私を紹介されて、家が1軒建った。この家は、石関さんの家の近所だったから「草加の家Ⅱ」という名前で、施主は今井さん夫妻。今井さんの家は、玄関に広い土間を設けたり、当時はしりだった対面式キッチンをつくったり、いろいろと面白い試みをした。しばらくして今井さんのご主人の実家の土地にアパートを建てるという話が持ち上がり、それでできたのが「屯《たむろ》」（60ページ参照）だ。

そうこうするうちに、「草加の家Ⅰ」の親類のおばあちゃんが、面白い家が建ったらしいと家族と一緒に「草加の家Ⅰ」を見学にきた。そうしたら家族が気に入って「土地はあるから、これと同じ別荘を建てて」って。それで那須に山荘を建てた。すると今度は別荘が気に入ったからと、アパートの設計を頼まれた。そのアパートを建てて、工事中に「ついでだから、母屋も直して」と言われて改修をした。それが終わって少ししたら「もう1軒アパートを建ててくれ」って。山荘の土間が気に入っていて「2軒目のアパートには土間をつくってくれ」とリクエストがあった。それで、そのアパートの名前を土間つながりで「屯Ⅱ」（70ページ参照）にした。

つまり、線路脇の1軒の家から、住宅2軒と別荘1軒、集合住宅3棟が建ち、リフォームも1軒したことになる。34歳で設計した「草加の家Ⅰ」から、「屯Ⅱ」の竣工までは約12年間。この間に得たご縁と、そこでの施主との付き合いから、設計に対する姿勢みたいなものが定まったように思う。私は人付き合いをめんどうくさいと思う性質《たち》ではあるけれど、やっぱり人が好きだ。そういう思いをもって、設計にあたっている。

「屯」は、竣工してから20年以上経つが、今で

上２点・左ページ／2016年５月に金沢の内灘海岸で行われた「第28回世界の凧の祭典」に、凧好きの次男と参加した。
女房との間には２人の男の子に恵まれたが、長男は映像関連の道に進んだり、次男は凧が大好きで自作したり凧絵を描いたりと、家族はみんな描いたりつくったりするのが好きなようだ。身内に対して言うのは変だが、みんなクリエイティブだなと思うし、それには女房の影響も大きいのかなと感じている。

も毎年、中庭でバーベキューパーティーが開かれている。パーティーにはかつて暮らしたOBも集まって来るし、私も何度か参加させてもらった。私が設計した場に、こういうふうに集まってくれるのは嬉しいことだ。

私の設計作法

家を設計する時に、何よりも大切にしているのは、住む人の暮らしやすさ。見た目ももちろん大切だが、24時間過ごしても飽きないこと、ストレスを感じないことが重要。要は毎日暮らす施主のためになることを一番に考えるわけだが、それは口には出さない。できあがって住んでから「良かった」って言ってくれるのが一番いい。

子どもの頃育った家のせいか、仕切りのない家が好きだという話をしたが、どうしても仕切らなければいけない時は引戸を使う。音を切る必要がある時は対策をするが、それ以外は常に気配を感じられるような空間づくりを目指している。音だけでなく、視覚的にもできるだけ通るように。

あとは、小さな家を設計することが多いから、小さくても広く感じさせる努力をしている。視線が遠くまで届くと広く感じるから、中庭だったり空だったり、意識して視線が伸びる先を設定する。

あともう一つ、材料に対する考え方としては、素材を大事にしたいなと思う。鉄を使うことは滅多にないけれど、仮に使うとしたら鉄は鉄で使う。コンクリートはコンクリートだし、紙は紙らしく、木は木として。ペンキを塗ったりということは、なるべくしたくない。

23歳でDON工房を立ち上げて45年が経った。振り返れば、私は高校生の頃から自信過剰なタイプだったが、70歳近くなった今も、経験を積んだことで、設計がますます上手くなっているように感じている。先日も女房に「どんどん設計が上手くなっちゃうよ、どうしよう」って言ったら、「あなたは昔からいつもそんなことばっかり言ってる」と呆れられた。だが、これから設計する建物は、間違いなくいい建物にする自信がある。まだまだ、これからが本番だ。

建築家の心象風景1〜3　聞き書き・上野裕子

当日は快晴で、私のつくった凧も高く上がった。

デザインいろいろ

グラフィックデザイナーとして

私は大学の専攻が美術学科だったこともあり、DON工房設立後は、設計だけでなくグラフィックデザインの仕事もしていた。設計の仕事とはまた違う楽しさがあって、若い頃はいろいろなデザインをした。そのうち設計の仕事が忙しくなってそちらが専門になったが、今でもデザインには関心がある。

これは、書画筆耕を仕事としていた父の影響もあるかもしれない。父は書だけでなく、書を生かして飲食店のマッチ箱のラベルやコースターなどのデザインもしていた。そのうちいくつかは、今でも私の手元に残してある。

私がデザインしたもののうち、いくつかを左ページに挙げた。

ピンバッチやネクタイピンは、今は既にない全日本フィギュアローラースケート連盟という団体から依頼されたもの。その団体が解散するときに、記念でつくりたいと言われてデザインした。ローラースケートの車輪の部分をモチーフにしてあり、色が何色かあるのは、ローラースケートの級によって色分けされている。

タバコ「ホープ」のパッケージは、友人の結婚式の引き出物としてデザインしたもの。当時、「ホープ」はパッケージを特注することができたので、それを利用した。当時は私も、まわりの友人も皆タバコを吸っていたものだ。

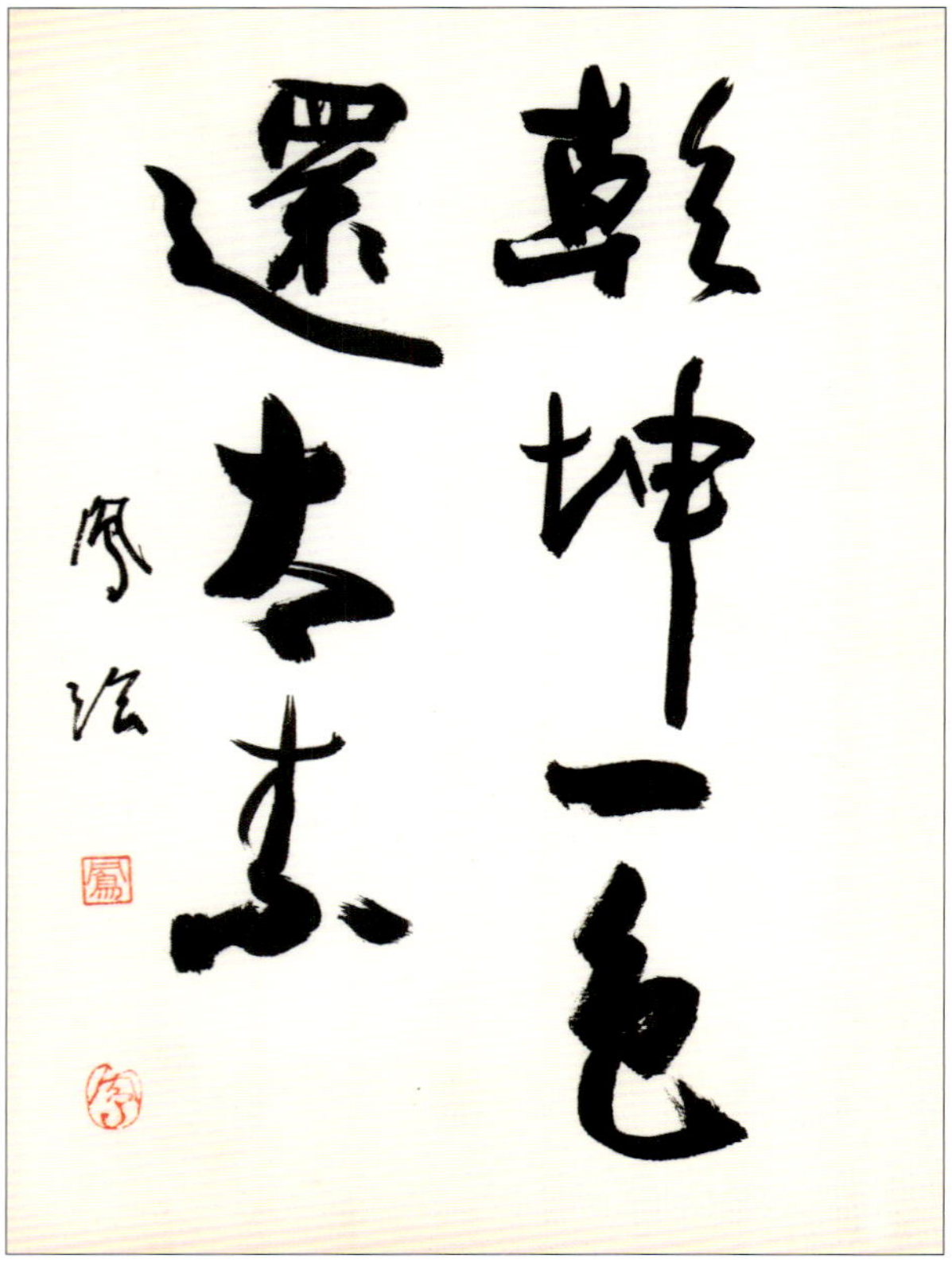

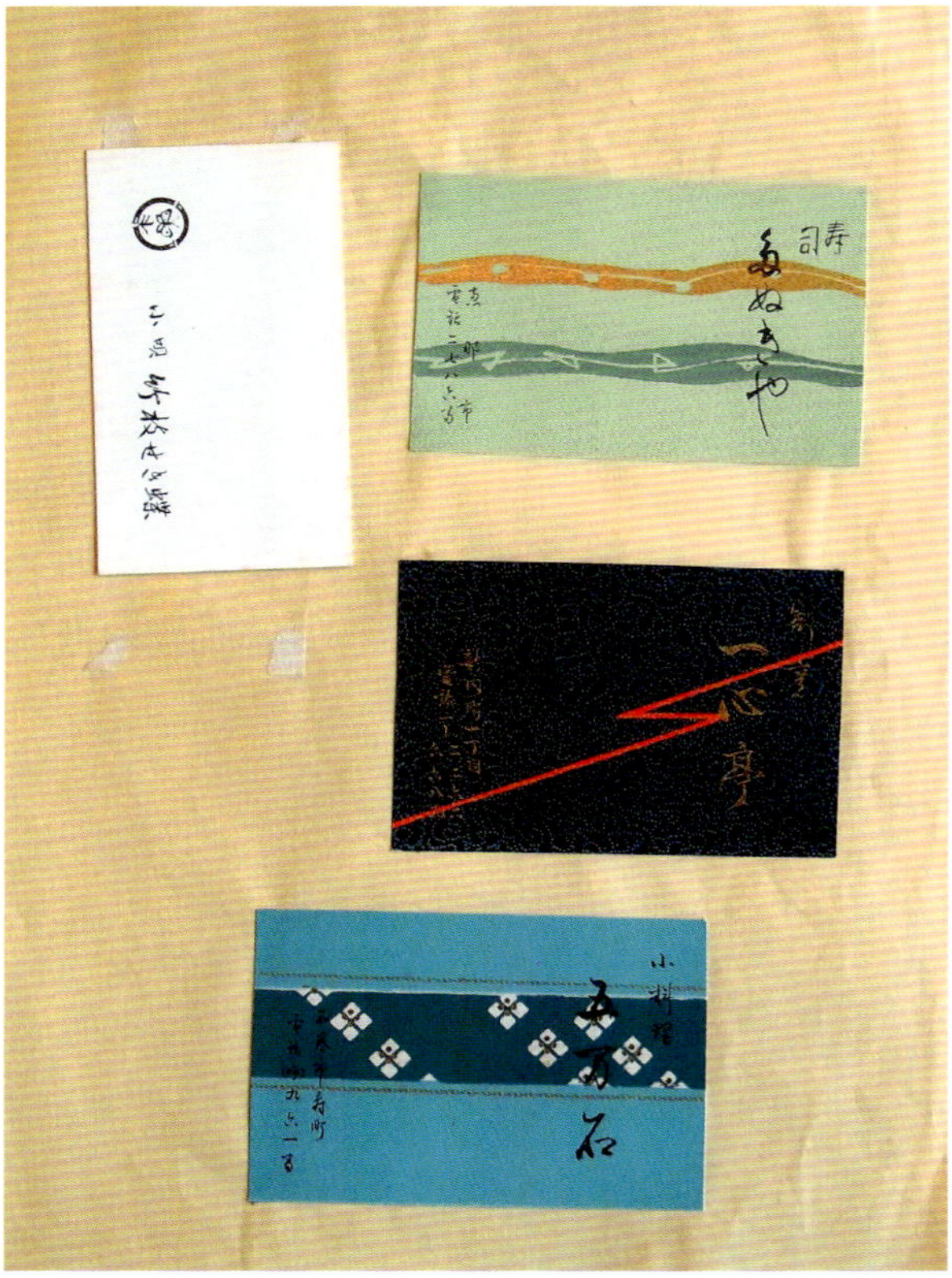

父の書（左）と、書を生かしたデザイン。

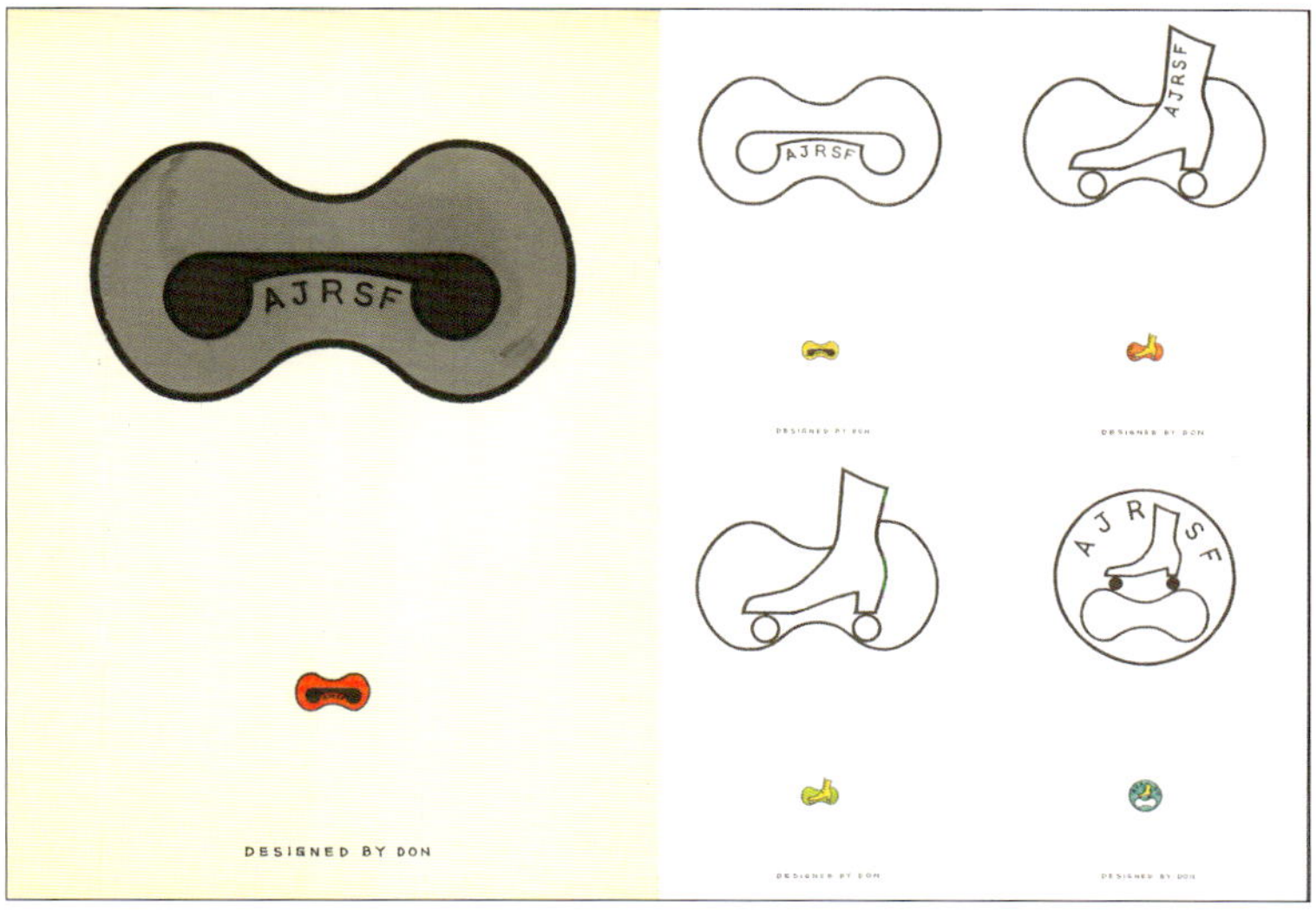

全日本フィギュアローラースケート連盟のピンバッジとネクタイピンをデザインした。
ネクタイピンは、今でも使っている。

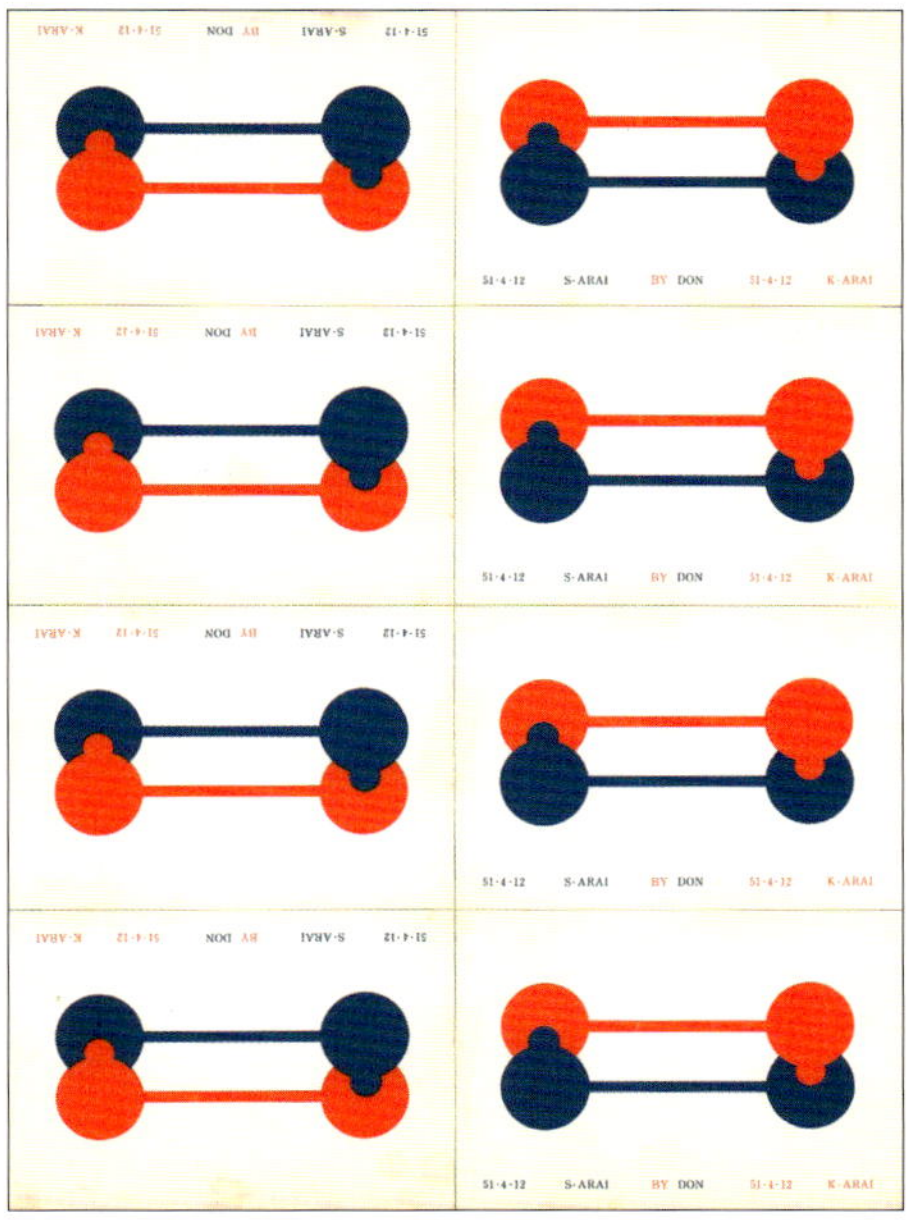

1976（昭和51）年に、友人の結婚式の引き出物として
タバコ「ホープ」のパッケージをデザインした。

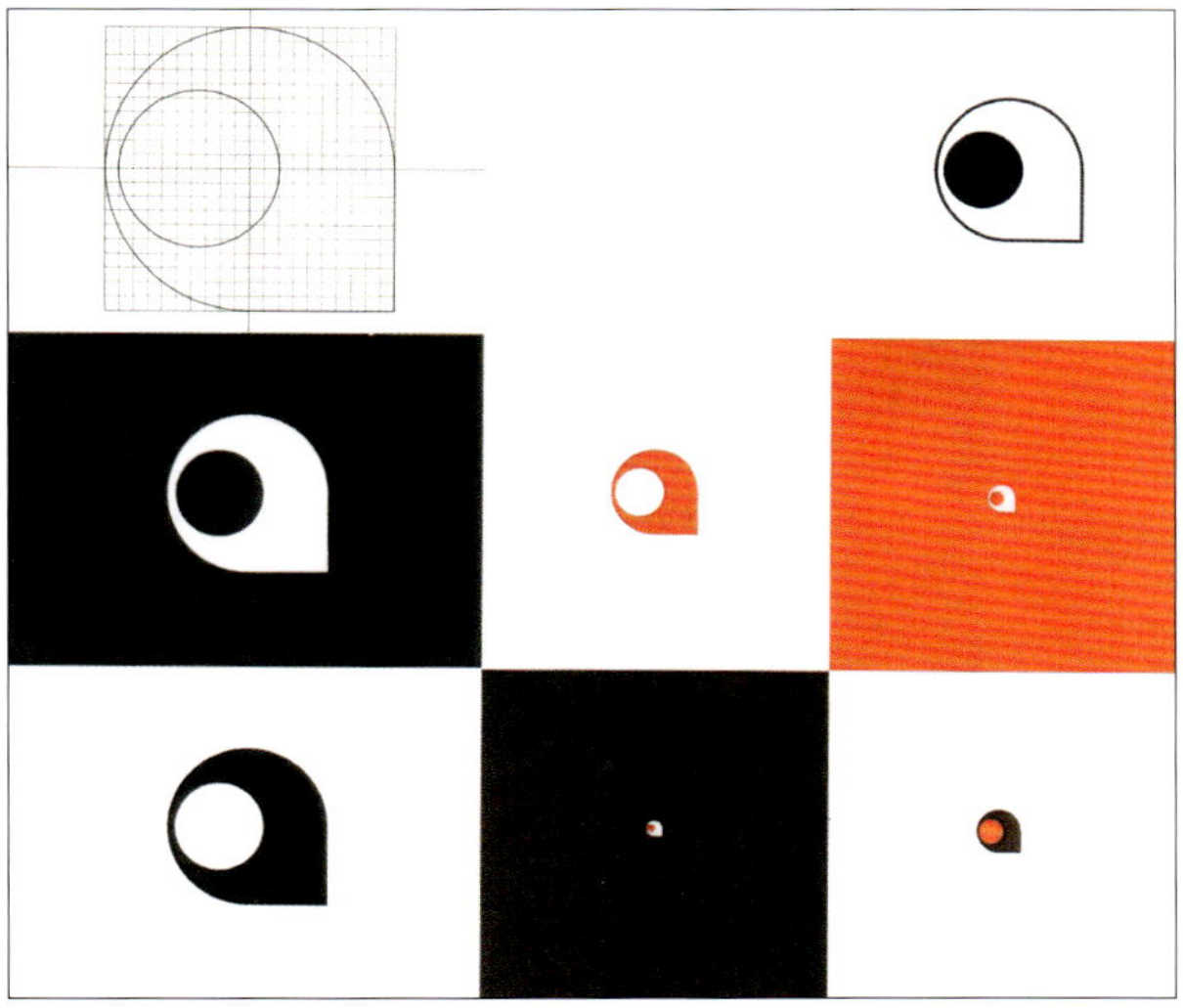

某アトリエのマークのデザイン。

入間の家Ⅱ

ミニマムでマキシマムな家

庭から室内を見る。左手が食堂、右手がオーディオコーナー。食堂のテーブルの床は掘ごたつになっており、冬は床座の生活をする。また、食堂のテーブルと居間のテーブルと組み合わせて大テーブルとして使うこともできる。

上／東南より、茶畑越しに外観を見る。右奥の蔵は江戸時代に建てられたもの。
下／北側外観。

2階から吹き抜け空間を見下ろす。

亀井野の家

テーマは「食空間」

上／東側外観。外壁には木片セメント版を用いている。
下左／南側外観。右手奥が玄関。
下右／正面外観のスケッチ。

南側よりデッキまわりを見る。

サロン吹き抜けとキッチン。
テーブルは掘ごたつ式。

上／台所からサロンを見る。デッキから庭へと視線が伸びる。
下／障子を閉めるとぐっと落ち着いた雰囲気になる。

郊外のフレキシブルな住まい

まだ畑が目立ちながらも、宅地化の進行する大都市郊外に位置する。南北に長い、ほぼ矩形の土地で北道路。南側隣地はいまのところどう変化するかわからない。東西は間口が狭いこともあって、空間的には捨てている。ただし、東側隣地は兄弟の家なので、関連性をもたせる意味から開口部を強調したデザインとしている。また、排水レベルの関係を考慮して高床式を採用した。

建主は職人肌のコックさんで、来客のおりに料理を楽しむことをご夫婦とも望んでいることから、設計のテーマは当然「食空間」となった。

相も変わらぬローコスト建築であることから、空間的に必要のない軒はジャロジーの採用により一切省い

た。内部は真壁の合板仕様で設計したが、大工さんの好意で面一の敷目張りとすることができた。名付けて「面壁」。建具は、障子の部分に新建材を使用し、それをガラスと同じような扱いとすることによって、表裏のないデザインが可能となっている。

『住宅建築』別冊57号より抜粋

デッキから玄関を見る。

2階からサロンとホールを見下ろす。

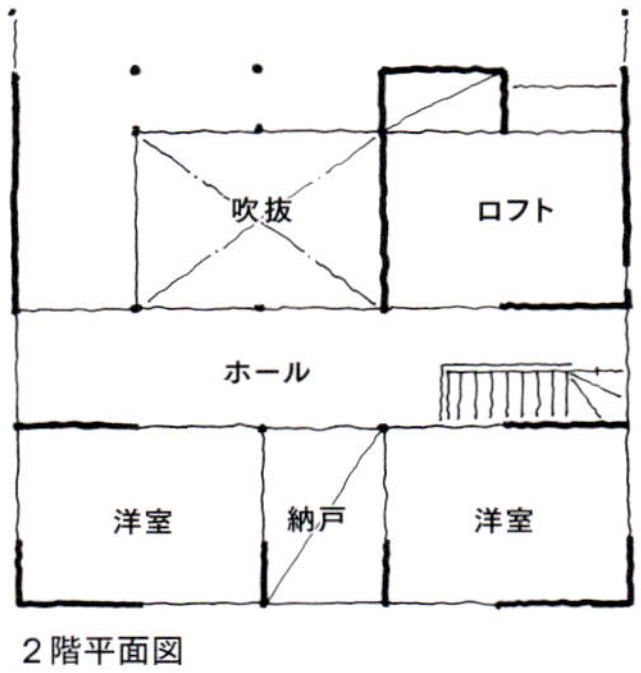

2階平面図

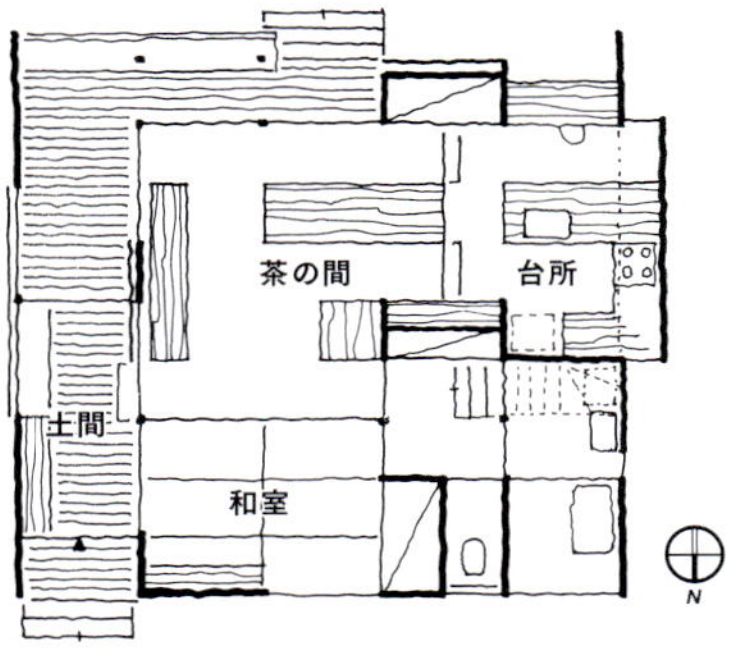

1階平面図

建物概要

所在地………神奈川県藤沢市
家族構成……夫婦＋子供1人
設計…………DON 工房（大野正博）
設計協力……矢賀部雅子
施工…………水野建設（監督／内田幸次、大工／嶋崎元）
竣工…………1985年9月
構造規模……木造2階建
敷地面積……219.84㎡
建築面積……81.44㎡
延床面積……123.26㎡（1階／70.27㎡　2階／52.99㎡）
建蔽率………37.05%
容積率………56.07%
地域地区……指定なし

●主な外部仕上げ
屋根　カラー鉄板瓦棒葺き
壁　木片セメント板透明防水塗料
建具　木製一部アルミサッシュ

●主な内部仕上げ
天井　米松合板オイル拭き
壁　米松合板オイル拭き
床　桧縁甲板オイル拭き

●設備
暖冷房　ヒートポンプ式冷暖房機
給湯　深夜電力温水器

池ノ上の家

中庭のある都市型住宅

地階駐車スペースから中庭を見る。左右に玄関、正面に共用サロンの緑壇植込みが見える。

上／アプローチより南側全景を見る。正面竪格子戸の向こうは駐車スペースから中庭へ続く。
下／２階の個室より、中庭と屋上テラスを見る。

1階のホールより中庭を見る。

上／１階南側の和室。壁は手織の布・絹経縞（STUDIO 羽65製作）を貼った。
下／１階南の居間と食堂。

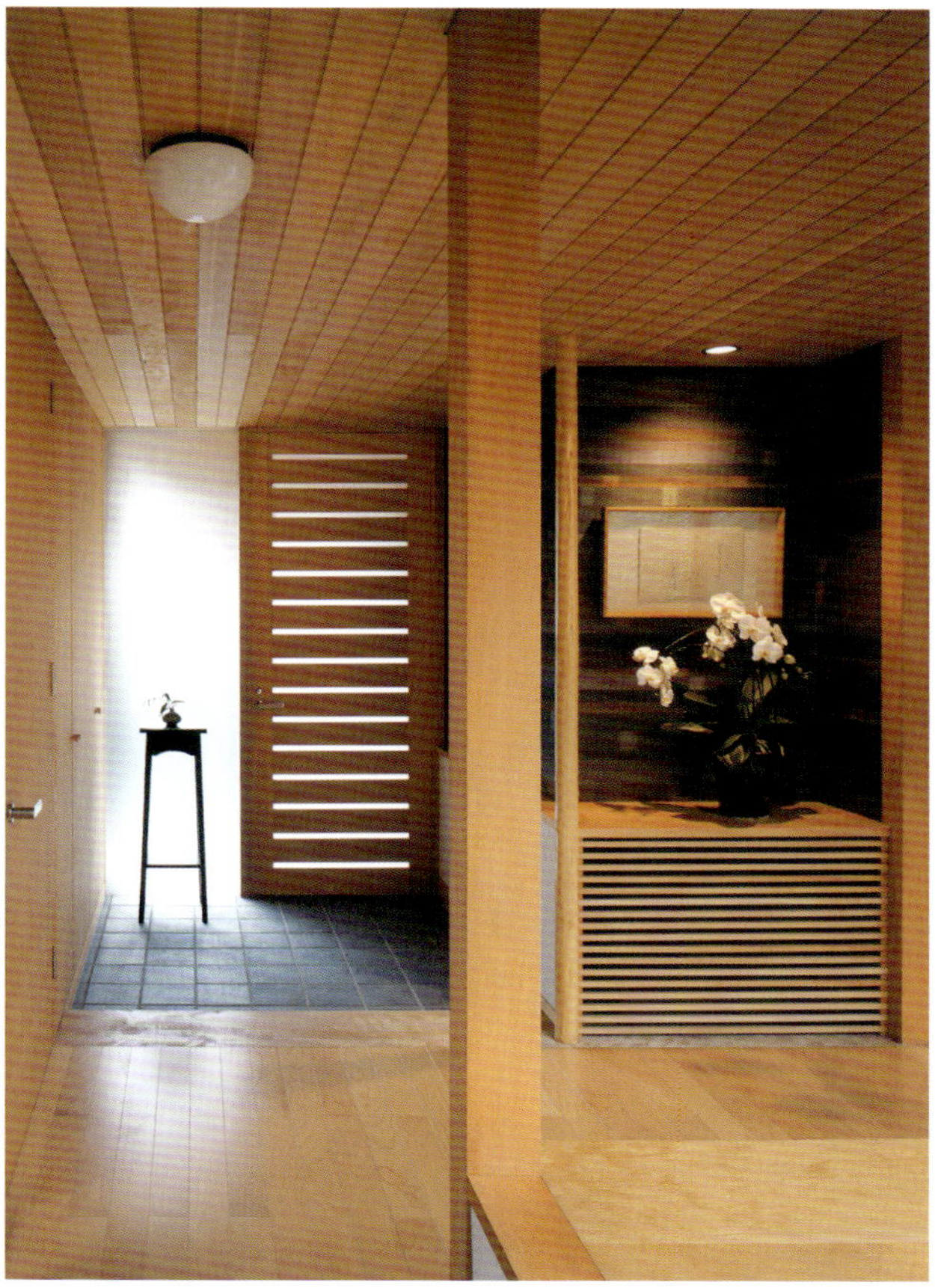

左上／階段越しに居間・食堂を見る。
左下／1階東側廊下より南の食堂を見る。

右上／1階ホールより玄関を見る。
右下／1階玄関よりホールを通して南廊下を見る。

地階北側の共用サロン。雨に緑壇植込みが映える。

外に固く、内に柔らかく

この建物は、相続問題を先取りして計画を進めた結果、初めから3世帯に分割できるように設計されている。約150坪の敷地に対する法的制約は、建蔽率50%、容積率100%である。坪数に直すとそれぞれ74坪、148坪となる。この坪数の中に通風、採光を満足させつつ3世帯の住居を嵌め込むのは容易ではない。

高さに関する制限も、軒高7m、最高高さ8mと厳しい。つまり、地上3階建ては不可ということである。しかし、敷地と道路の関係が接道部分で約1・5mの落差があることを利用して一層目を少し沈め、法的には地階とすることによって、地下1階地上2階、計3層の建物が成立する。

敷地の周囲には隣家が建て込んでいる。そこで、建物の外周面積を増しつつ通風、採光を確保し、かつ隣地に視界を求めないという、中庭形式の採用となる。かくして敷地周辺に対して内向きの、典型的な都市型住居の誕生となるわけである。

この建物はもともとRC造を前提として計画されたものだが、最上階を木構造でつくり、しかも舟底天井とすることによって、軒高と最高高さを抑えつつ、最上階の内部空間のボリュームを確保している。RC造と木造を組み合せることでいわゆる混構造となっているが、設計方針としては、RCの躯体部分を木造建築風に取り込んでしまおうという手法を採っている。RC部分と木造部分の表現の使い分けとしては、全体として外に固く、内に柔らかい、といった扱いとしている。とくに中庭に関しては、空間的には内部空間の延長として扱い、木造らしさを強調することによって、RC造の印象を極力薄めている。

RC躯体の扱いを木造建築のグリッド上に最初から取り込んでおき、木造の造作によってRC躯体を消し去ることが、なんとかできたのではないかと思っている。

『住宅建築』1990年9月号より抜粋

屋上に設けられたテラス。

地階平面図

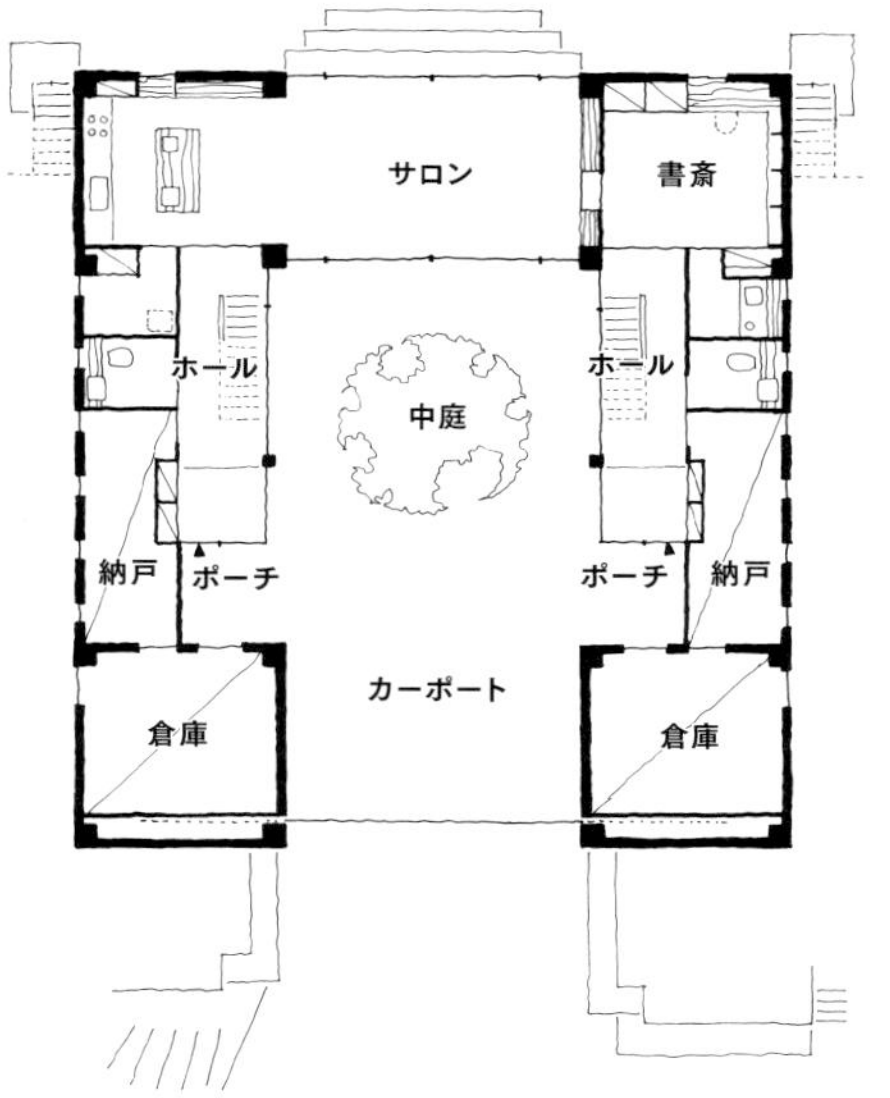

1階平面図

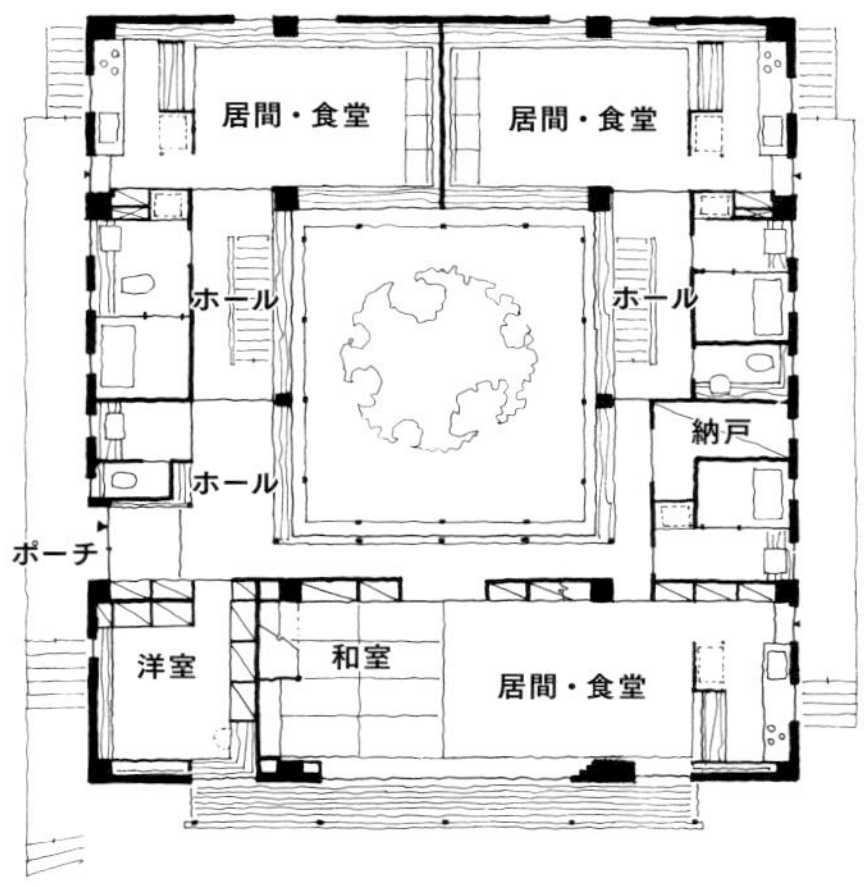

2階平面図

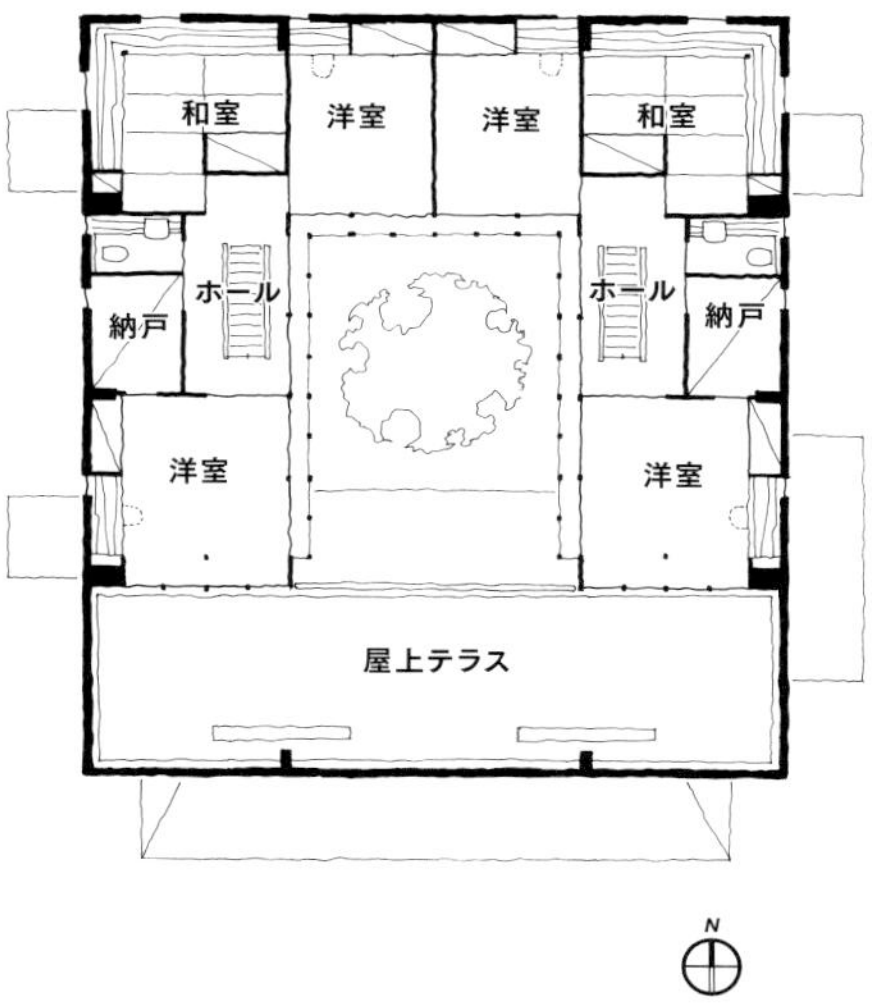

建物概要

所在……………………東京都世田谷区
家族構成………………祖母、母、長男、次男（三世帯）
設計……………………DON 工房（大野正博）
構造設計………………玉田英治
壁布デザイン・製作……STUDIO 羽65（飯田りょう子、山本里子）
外壁……………………杉江製陶（新井健夫）
施工……………………水野建設
監督／内田幸次
棟梁／山田晋三郎、梅崎栄治
板金工事／井上板金
左官／上遠野左官店
タイル工事／駒形タイル店
内装工事／畠山表具店
電気設備工事／美山電業
塗装工事／龍塗工業
建具工事／内山建具店
造園工事／佐伯造園
給排水給湯衛生設備工事／三光設備
竣工……………………1990年2月
構造規模………………RC 造、木造 地下1階地上2階建
敷地面積………………491.31㎡
建築面積………………221.23㎡
延床面積………………518.75㎡（地階／169.10㎡　1階／211.15㎡　2階／138.50㎡）
建蔽率…………………50%
容積率…………………100%
地域地区………………第一種住居専用地域、準防火地域、第一種高度地区

● 主な外部仕上げ
屋根　銅板葺き
壁　タイル貼り、板張り
建具　アルミサッシュ、木製

● 主な内部仕上げ
天井　板張り（ピーラー）
壁　ビニールクロス貼り、一部手織の布貼り
　階段室／板張り（ピーラー）
床　板張り（サクラ）

● 設備
暖冷房　東京ガス TES システム（工事：関配）
給湯　東京ガス TES システム（工事：関配）

● 主な設備機器
厨房　ヤマハ／システムキッチン
洗面所　TOTO ／ L330
浴室　ナショナル／ GZE シリーズ
便所　TOTO ／ C406
照明器具　ヤマギワ、マックスレイ、ナショナル、オーヤマ
建築金物　美和ロック、ベスト、スガツネ
家具　青林家具

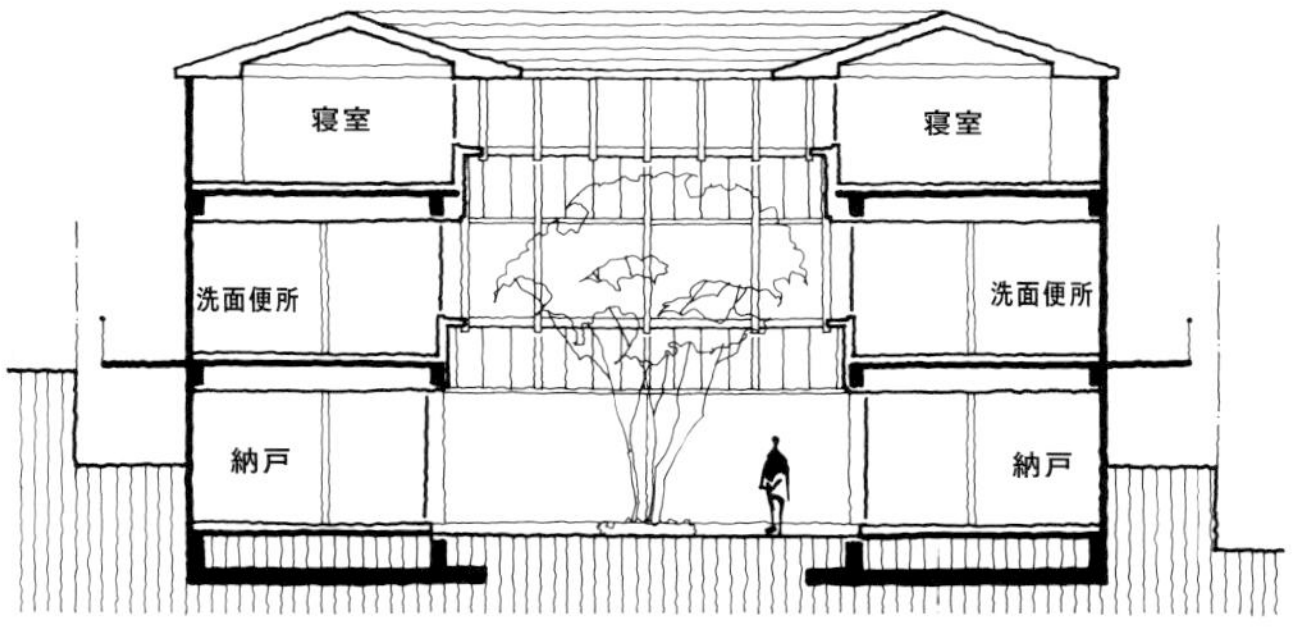

東西断面図

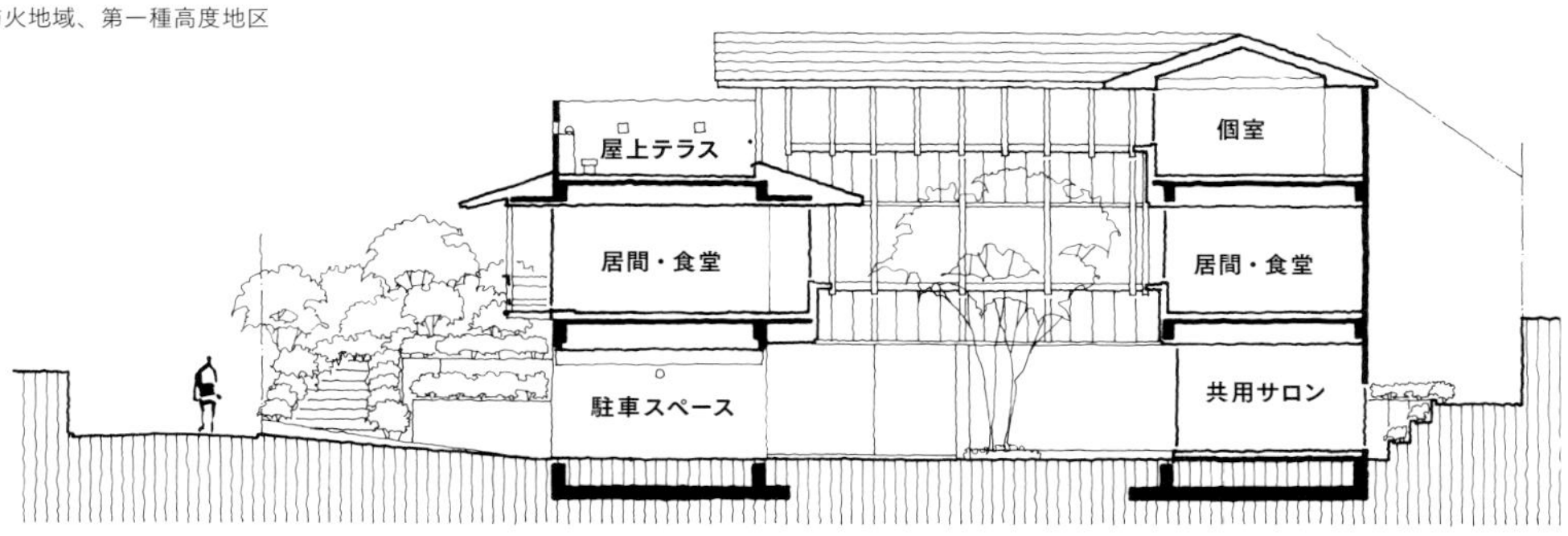

南北断面図

馬込の家

町で緑を楽しむ

２階の寝室から中庭を通して茶の間を見る。

玄関からシャラの木が植わる中庭を見る。

上／北側外観。
左下／　玄関内部。中央の可動スクリーンが２世帯を分けている。
右下／玄関回り。二世帯に各々玄関扉を設けている。

上／２階の居間。ソファは造り付け。
下／２階ホールからキッチン方向を見る。

2階の居間からデッキと中庭を見る。
デッキにはベンチを設けている。

「内向き」の2世帯住宅

少し奥まっているため、便利な割には静かな環境である。家屋が密集しているため日照条件はよくないが、東側が小公園に面しているのがせめてもの救いである。ここに2世帯住宅を建設する。

依頼があったとき、建主は開口一番「内向きの家」に住みたいという。聞いたようなセリフだと思ったらなんのことはない、私がかつて『住宅建築』誌上で密集地の住まい方について述べたときのタイトルが「内向きの家」だったのだ。だいぶ研究してこられたようで、恐縮のかぎりである。

両親は1階、日照は少々悪くても公園に面したところがいい。「内向きの家」に必要となる中庭にはシャラを植えたいという。建主の基本的な要望はこれだけである。中庭のシャラはともかく、設計要素からすれば当然の帰結ともいえるこれらの要望は、客観性があるだけに建物の基本的な骨格となっている。

1階は両親が半分を専有し、残りの一部を共有の客間、他の部分は2階の延長として使用する。2階は子世帯の生活空間と娘3人の個室として構成されている。比較的大きな台所は、料理好きな奥さんが娘達とケーキづくりなどでコミュニケーションを図る目的がある。その奥の家事室の先には乾燥室を設けてある。洗濯物をここに閉じ込めてしまえば中庭が見苦しくならない。

『住宅建築』1990年9月号より抜粋

建物概要

所在地…………東京都大田区
家族構成………親夫婦＋夫婦＋子供3人
設計……………DON工房（大野正博）
施工……………本間建設
　現場監督／菊池武史
　棟梁／橋本 進
　大工／中村光輝、鈴木優夫、中村源喜
　基礎鳶／青木解夫
　材木／民喜材木店、高広木材
　板金／茨田板金工業所
　左官／木原工業所
　塗装／鮫島塗装工業所
　建具／岡芳木工所
　電気・空調／水巻電気
　給排水／服部管工社
　造園／神奈川庭園
　内装／吉野装飾
　タイル／今井工芸社
竣工……………1993年3月
構造規模………木造2階建
敷地面積………210.90㎡
建築面積………124.36㎡
延床面積………213.62㎡（1階／116.10㎡　2階／97.52㎡）
建蔽率…………60%（58.97%）
容積率…………200%（101.30%）
地域地区………第二種住居専用地域、準防火地域、第二種高度地区

●主な外部仕上げ
屋根　大屋根：ガルバリウム鋼板厚0.35㎜瓦棒葺き、
　中庭廻り屋根：カラー鉄板厚0.35㎜黒ツヤ消し横葺き
壁　セメント中空押出形成板厚15㎜素地仕上げ、
　一部：サワラ厚15㎜目板張り撥水剤拭き取り
建具　木製、一部：アルミサッシ
ベランダ、デッキ：カナダ杉40mm×90mm撥水剤拭き取り

●主な内部仕上げ
天井　一般、玄関／サワラ厚15㎜縁甲板目透かし張りオイル拭き取り
　浴室／サワラ厚15㎜縁甲板目透かし張り撥水剤拭き取り
壁　一般、玄関／合板厚5.5㎜下地ビニールクロス貼り
　浴室／サワラ厚15㎜縁甲板張り撥水剤拭き取り
床　一般／桧厚15㎜縁甲板目張り水性ワックス塗り、
　一部：タタミ敷　玄関、浴室／150㎜角磁器質タイル貼り

●設備
暖房　電気式エアコン：ダイキン
給湯　ガス給湯器：ノーリツ

●主な設備機器
厨房　1階：ナスステンレス、2階：野亜
洗面所　1階：INAX／SDN605NW、2階：TOTO／LDN-751M
浴室　二世帯共通：INAX／AB-1200DGI
便所　二世帯共通：TOTO／C720
照明器具　ヤマギワ、ナショナル、マックスレイ
建築金物　ベスト、美和ロック、アトム、マリック

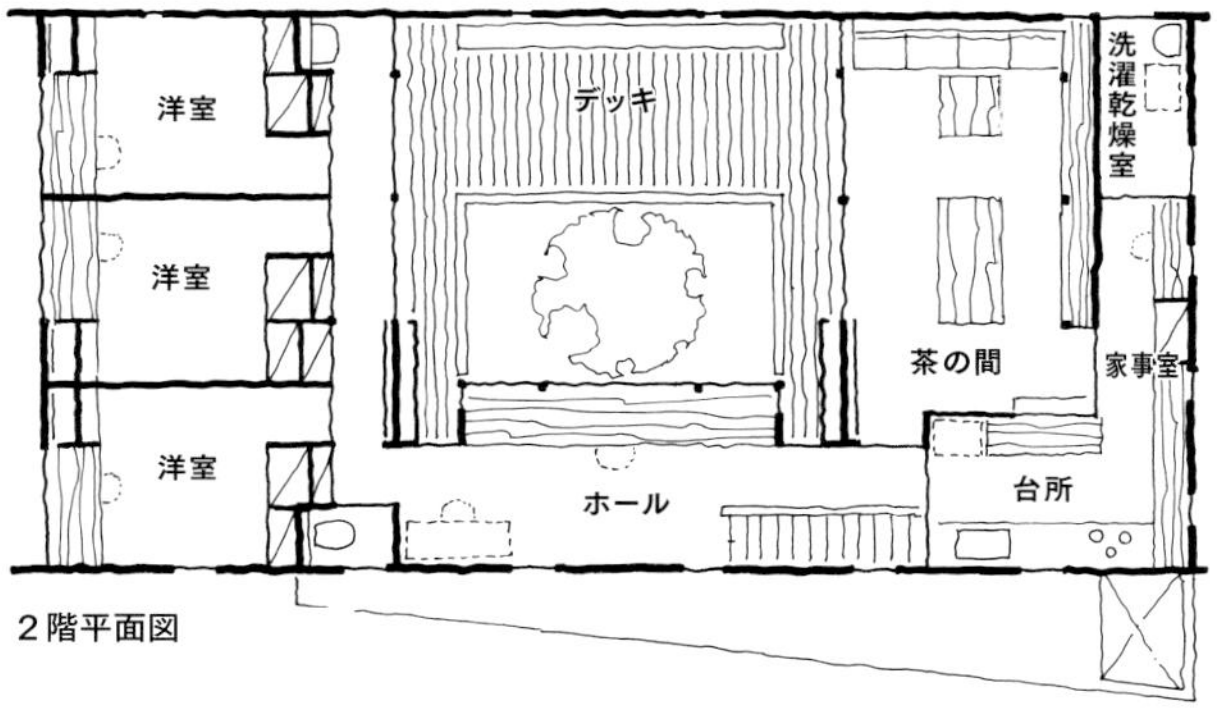

2階平面図

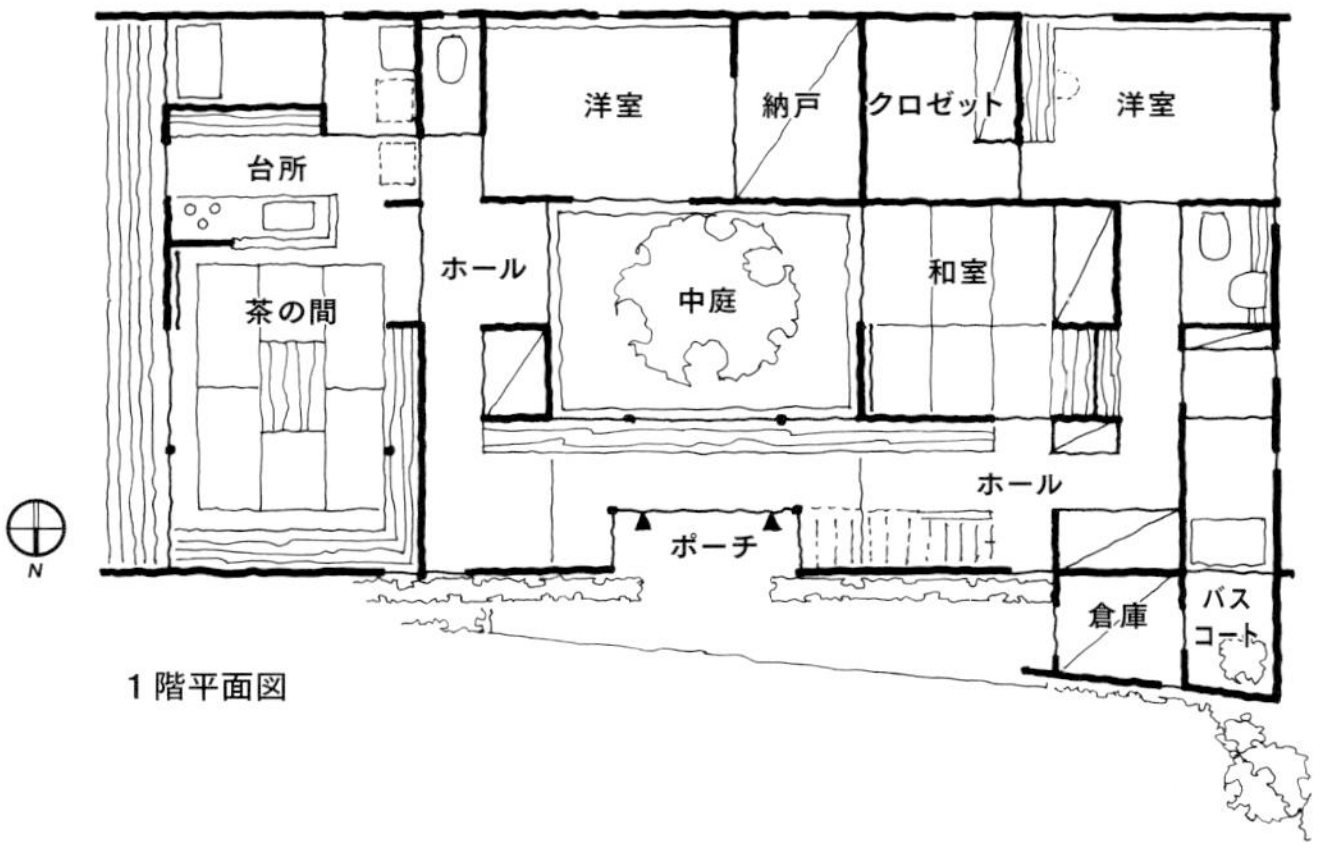

1階平面図

屯 I

— 集住のかたち① —

中庭のある集合住宅

夕景。各住戸の玄関へも数段のアプローチをのぼる。

上／敷地が道路のレベルから３ｍほど高かったため、中庭へは階段をのぼる。
左下／建物の下をくぐり、数段の階段をのぼる。
この段差が見知らぬ人の中庭への侵入を防ぐ役割も果たしている。
右下／中庭には住人のためのベンチが置かれている。

住戸の玄関前から中庭を介して建物を見る。
ケヤキの木が視線を自然に遮る。

中庭への階段脇には緑壇をつくり、アイビーを植えた。
奥の三つ並んだ扉はトランクルームの扉。6戸分ある。

上／対面式キッチン。
下／2階の居室。

竣工から7年後の中庭。草木が育ち、住人の気配が随所に感じられる。

歳月とともに味わいを増す

オーナーインタビュー

「屯」完成から22年が経って

「屯」が完成して22年が経つ。今でもときどき、建物の状態を見たり、住まい手の入れ替えなどで立ち寄ることがあるが、この中庭はいいなあと思う。

大野さんとの出会いは、自宅である「草加の家Ⅱ」の設計を依頼したときだから、かれこれ30年ほど前のこと。草加で家を建てることになり、妻が電車の窓から気になる家を見つけたことから大野さんを知った。いざ設計が始まると、打ち合わせが終わると決まって大野さんと飲みにいくことに。飲みながら「広い土間がほしい」といった注文やアイデアをぶつけ、大野さんも面白がって応えていただいた。完成した住宅はユニークで一風変わった建物となった。

その後何年か経ち、私の実家のあった敷地を賃貸住宅として活用することとなり、その設計を大野さんにお願いした。既存の規格のプレハブで共同住宅を建てるのではなく、自分たちの「思い」を具体化したいと考えた。その「思い」は、自宅を建てた経験から自分たちも住みたくなる家、暮らし方の提案ができる家といったもの。さらに狭い敷地だが6世帯が住めるようにというリクエストもしたので、大野さんも苦労したことだろう。このときの打ち合わせでもよくお酒を飲みに行き、そのうちの1軒の店名の「屯」が建物名になった。

「屯」の中庭は、竣工当時から住人達の交流の場だったが、1997年頃から、当時の住まい手の提案で中庭でのバーベキューパーティーが始まった。

このバーベキューにはかつて「屯」に暮らしたOB家族もよく訪れる。私も参加することもあるが、住まい手の保育園のクラスの園児が大集合していたり、非常に賑やか。「屯」が建って20周年のときも、OBが声をかけあって盛大なパーティーが開催された。

最寄り駅から徒歩十数分と条件に恵まれているとはいえないが、住む人にとって「屯」にしかない良さを感じてくれればと思っている。そして、一昨年他界したカミさんの遺言が、「『屯』をいつまでも残してほしい」というもの。大野さんとの長いつきあいの中から生まれたこの建物を、大切にしていきたい。

（今井吉規／屯、草加の家・Ⅱ　建主
2016年8月8日にインタビュー）

上／竣工から7年後の対面式キッチン。住まい手の暮らしが息づく。
中／竣工から7年後の2階居室。
下／オーナーの今井さんが使っている「屯」の印（左）と、今井さんの亡くなられた奥さんが、「屯」竣工時に創ってくれた「屯゛工房」の印（右）。

屯Ⅱ

— 集住のかたち② —

路地空間をもつ現代長屋

上／エントランスから中庭を見る。左が４戸棟、右が２戸棟。

右下／道路側より見る西側全景。

左下／中庭から４戸棟を見る。各戸に専用庭が設けられており、各々好きな植物を育てている。

道であり広場である「路地」

「屯Ⅱ」では人と人とがふれあう場を、意識して仕掛けた。テーマは「路地」である。敷地の東西に道があるため、人が通り抜けることを前提とした外部空間としている。

　二つの道に挟まれた敷地では、各戸を可能なかぎり接道させる方法も

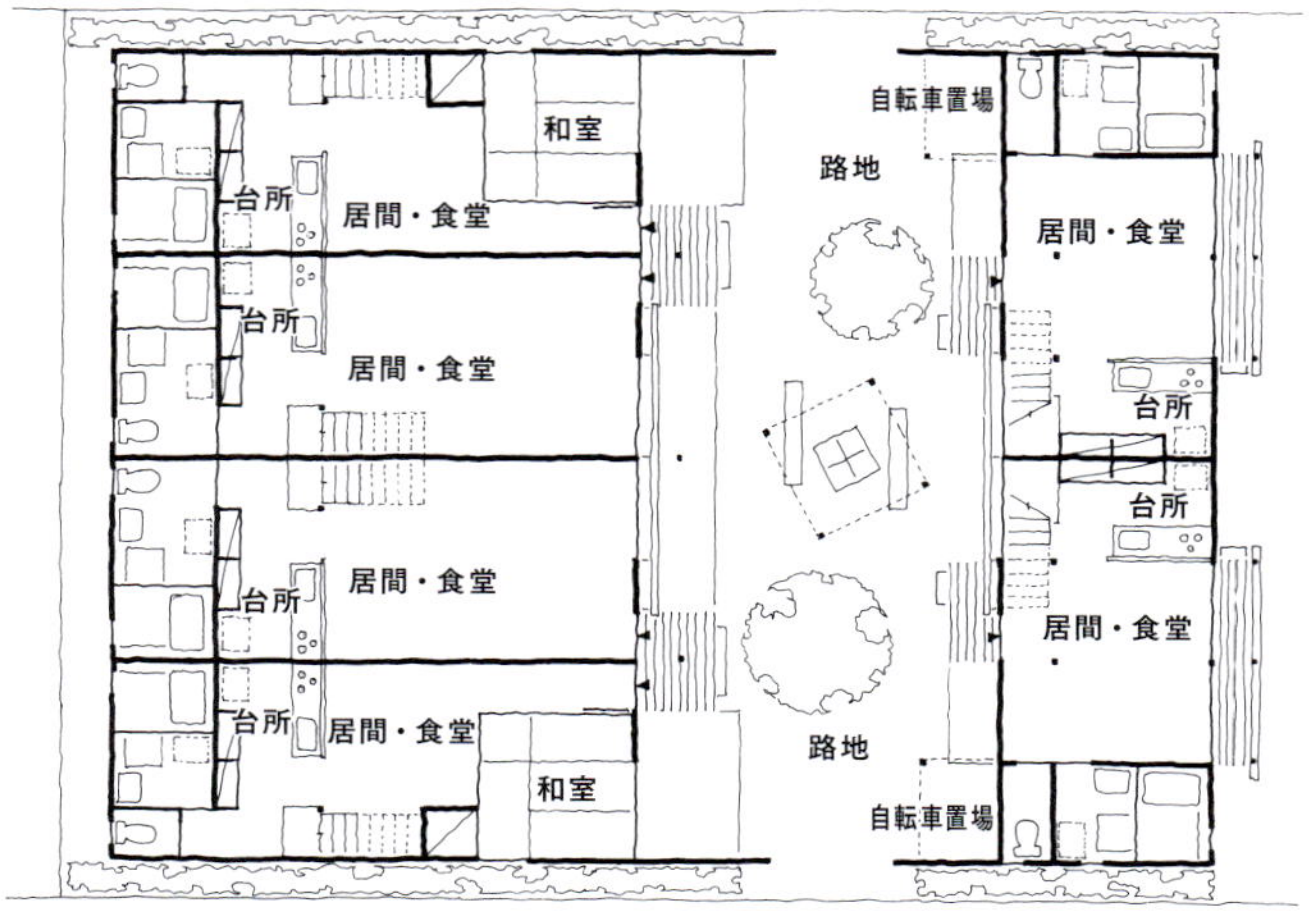

1階平面図

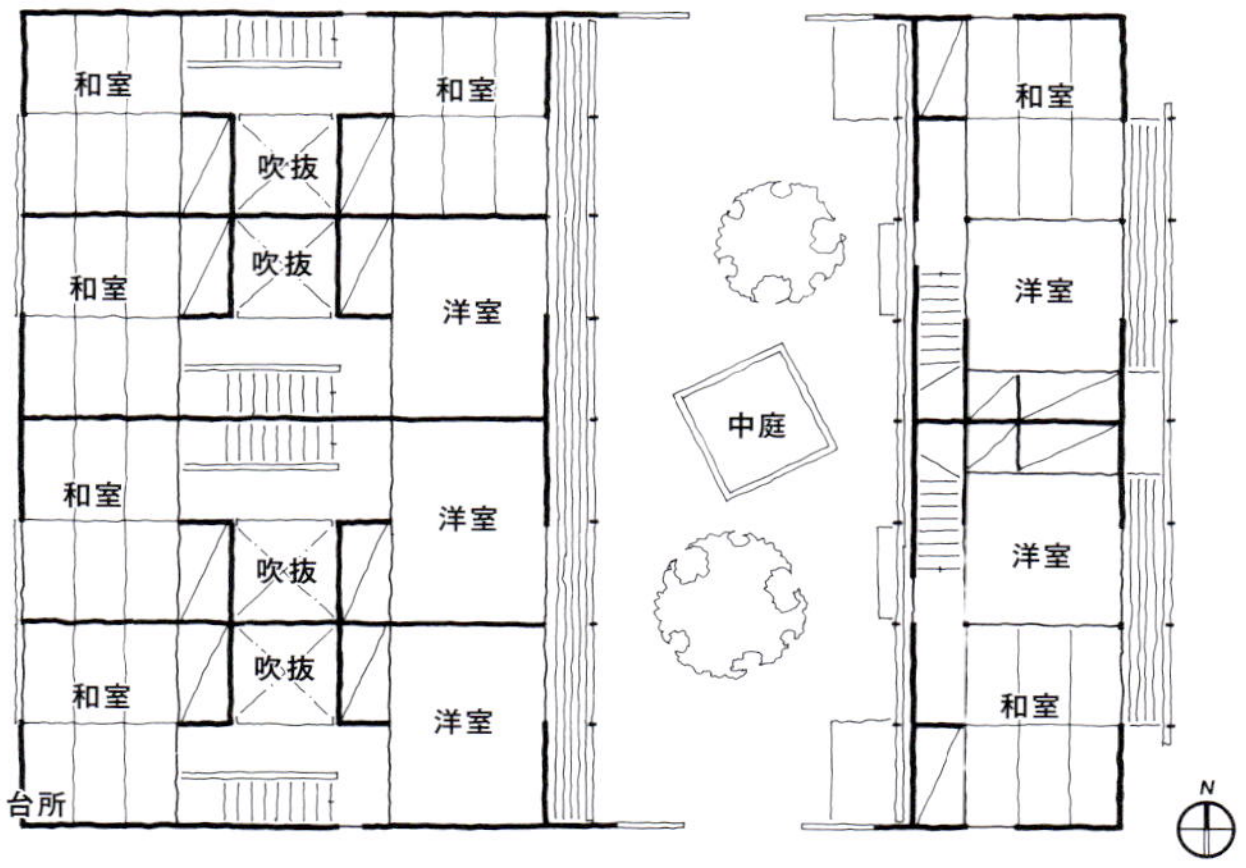

2階平面図

建物概要

所在地……………埼玉県草加市
用途………………集合住宅
設計………………DON工房（大野正博・萼靖子）
施工………………高木建設
現場監督／高木厚
棟梁／太田芳郎、近藤喜利
大工／髙橋一義、須賀健夫、初見兼治
屋根・板金／佐藤賛平板金
建具／小川元三商店
造園／岡安ガーデン
竣工………………1996年4月
構造規模…………木造2階建
敷地面積…………403.46㎡
建築面積…………201.43㎡（4戸棟／146.18㎡　2戸棟／55.25㎡）
延床面積…………356.06㎡（1階／183.83㎡　2階／172.23㎡）
各戸床面積………4戸棟：1階／33.12㎡　2階／29.81㎡
2戸棟：1階／25.67㎡　2階／26.50㎡
建蔽率……………60%（49.9%）
容積率……………200%（88.3%）
地域地区…………第一種住居地域

●主な外部仕上げ

屋根　ガルバリウム鋼板瓦棒葺き
壁　硬質木片セメント板厚12m/m素地撥水剤塗布
建具　アルミサッシ、木製

●主な内部仕上げ

天井　居間・食堂／硬質木片セメント板厚12m/m素地仕上げ
2階洋室、和室／PB厚9m/m下地ビニールクロス貼り
浴室／塩ビパネル既製品
壁　居間・食堂／PB厚12m/m下地ビニールクロス貼り
腰壁：板張り
2階洋室、和室／PB厚12m/m下地ビニールクロス貼り
浴室／塩ビパネル既製品
床　居間・食堂／カナダ杉40m/m×90m/m
2階洋室／桧縁甲板厚15m/m　和室／タタミ
浴室／ハーフユニット

●設備

暖冷房　ガス式エアコン
給湯　ガス給湯器（追い焚機能付）ユメックス／OURB1601DAS

●主な設備機器

厨房　多摩木工／FS-1600SGAS
洗面所　TOTO／SK7
浴室　INAX／UB-1220FSM
便所　TOTO／C720、S721B
照明器具　ナショナル、ヤマギワ、ENDO、コイズミ、オーヤマ
建築金物　ベスト、リョービ、ヤマギワ

ある。しかしそれでは「個」をつなげただけのただのアパートになってしまう。そこからは集合によるメリットはまったく生じてこない。
そこであえて、路地に入り込まなければどの住戸にも到達できないよう計画することによって、集住する住民がすれ違わざるを得ない「道」の要素と「広場」の要素を合わせ持つ外部空間を構築した。ふれあいのきっかけをつくる場としてのいわゆる「路地」空間である。

『住宅建築』1996年10月号より抜粋

ペアハウス坂戸 I

—— 集住のかたち③ ——
ペアハウスの試み

上／緑地越しに南側外観を見る。
左下／居間から和室を見る。
右下／和室から居間を見る。

建物概要

所在地………埼玉県入間郡
家族構成……4人(想定)
設計…………DON工房／大野正博
　　　　　　協力／小川洋志郎
　　　　　　壁写真／笠間益伸
　　　　　　スクリーン／飯田りょう子
施工…………かさまハウス
竣工…………1979年8月
構造規模……木造2階建
敷地面積……西棟・152㎡　東棟・152㎡
建築面積……西棟・80.12㎡　東棟・71.84㎡
延床面積……西棟・106.83㎡　東棟・108.68㎡
　　　　　　(西棟・1階／62.94㎡　2階／43.89㎡)
　　　　　　(東棟・1階／67.90㎡　2階／40.78㎡)

● 主な外部仕上げ
屋根　化粧石綿板コロニアル葺
壁　モルタルリシンガン吹
建具　アルミサッシュ

● 主な内部仕上げ
天井　ピーリング合板(タモ)打上・
　　　杉板化粧合板目透し張
壁　合板5.5mm下地ビニールクロス貼
床　ナショナルニューフロア・カーペット敷

● 設備
給湯　外置ボイラーより給湯

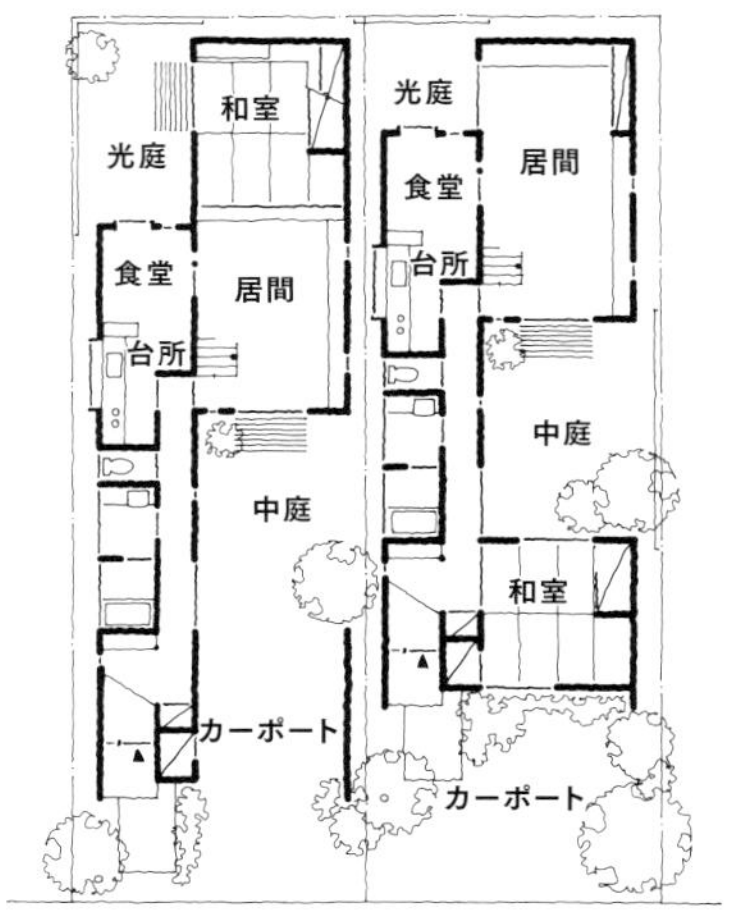

1階平面図

2階平面図

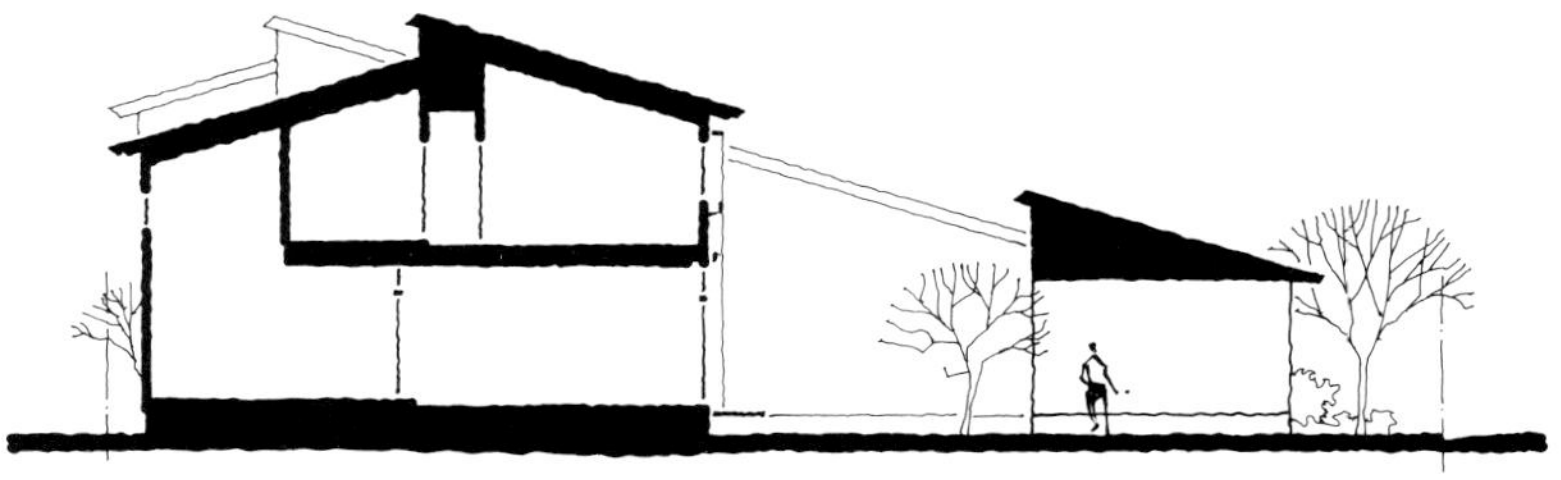
断面図

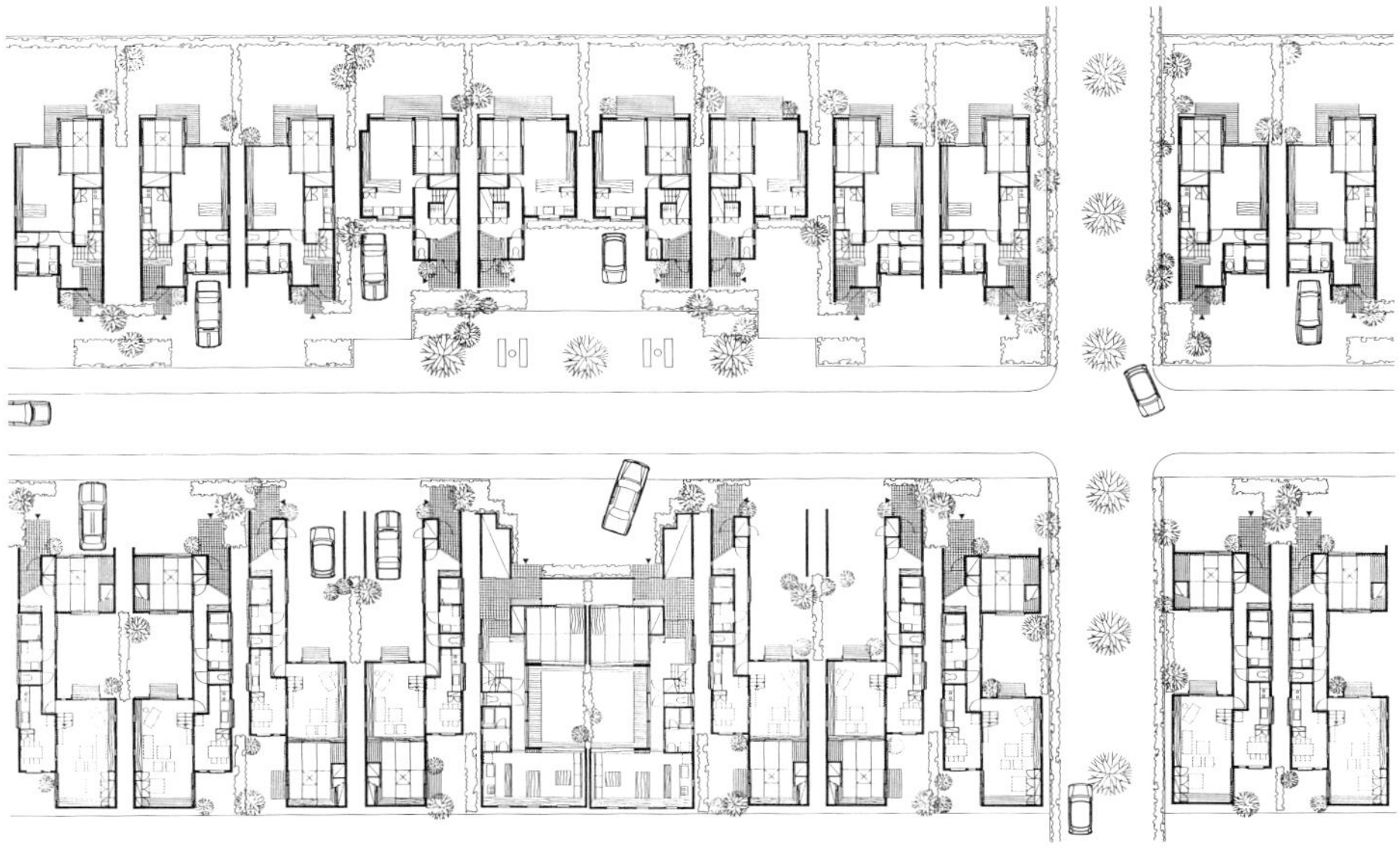
ペアハウスシステムによる町並みの構成／それぞれのペアハウスを集合して町並みを構成した作例

ペアシステムと町並み

ミニ開発の建売住宅では、土地の価値を均等に分配するためにタテに分割する方法がある。いわゆる「町屋」の手法である。しかしこれではファサードが細切れになってしまうため、2棟ワンセットにしてデザインする。ペアシステムの誕生である。このペアシステムに基づいた建売住宅を、十数年前からいくつか建ててきた。

ペアハウスが建ち並べば、緑の前庭が連なったゆったりとした町並みが形成される。個人の前庭を半公共空間として供出し、町並みの形成に一役買おう、そうすることによって、道に変化とゆとりが生まれ、生き生きとした町並みがつくりだされるのだ。

『住宅建築』別冊57号より抜粋

ペアハウス坂戸 III

── 集住のかたち④ ──
2軒の建売住宅

東側外観。すっきりとしたデザインが目を引く。手前の黒いタイル敷きのスペースは駐車場。

シンメトリーのファサード

郊外の神社前に建つ建売住宅である。100坪の土地を2分割して建築、分譲された。周辺環境はのびのびしている。前面道路は神社の参道で杉並木、裏側は倉庫、両脇は片やわずかに残った神社所有の雑木林に面し、別の参道を隔てて神社、もう一方は広い畑地になっている。こまごまとした外観ではとても似合いそうにない環境だ。

土地は間口を同じくして分割し、シンメトリーのファサードを持つ2棟を建築した。別名「対の館」の由来である。これによって2棟分の間口を利用したゆとりを感じさせる外観を得ている。間取りは2棟ともほとんど同じだが、方位の関係でシンメトリーにはなり得ず相似形となった。

室内環境は各室ともすべて、中庭あるいはベランダからの採光と通風を獲得することによって、一定の水準を保っている。

バブル崩壊後の販売で売れ残りが懸念されたが、仲の良い兄弟が2棟一緒に購入したと聞く。できすぎた話ではある。

『住宅建築』別冊57号より抜粋

建物概要

所在地 ……… 埼玉県坂戸市
家族構成 …… 4人(想定)
設計 ………… DON工房(大野正博・玉木毅)
施工 ………… かさまハウス
担当/根岸隆、神田薫
棟梁/浅見守(L棟)、小峰勇(R棟)
基礎鳶工事/高山建設
材木/梅園中央製材所
板金/石橋板金
左官/和田左官工業所
塗装/小林塗装
建具/関根木工所
電気/サカエ電気
給排水/松崎水道工業所
造園/東上園
竣工 ………… 1992年5月
構造規模 …… 木造2階建
敷地面積 …… R棟・163.47㎡　L棟・166.99㎡
建築面積 …… R棟・81.73㎡　L棟・80.07㎡
延床面積 …… R棟・124.83㎡　L棟・124.83㎡
(R、L棟共通・1階/66.24㎡　2階/58.59㎡)
建蔽率 ……… 50%(R棟・49.99%　L棟・47.94%)
容積率 ……… 100%(R棟・76.36% L棟・74.75%)
地域地区 …… R棟・第一種住居専用地域
L棟・第一種住居専用地域および住居地域

●主な外部仕上げ
屋根　長尺カラー鉄板厚0.4㎜横葺き
(ツヤ消しブラック)
壁　リシンかき落し
建具　木製、アルミサッシュ

●主な内部仕上げ
天井　洋室一般、和室一般/
米栂縁甲板目透かし張り
ワトコオイル拭き取り
浴室、洗面室/
桧縁甲板張りステンプルーフ拭き取り
壁　洋室一般、和室一般/
ジュラックス、
一部ビニールクロス貼り
浴室、洗面室/
桧縁甲板張りステンプルーフ拭き取り
床　洋室一般、洗面室/桧フローリング合板
和室一般/タタミ敷
浴室/玄昌石150㎜角

●設備
冷暖房　電気ヒートポンプ式
給湯　ガスボイラー:ナショナル

●主な設備機器
厨房　ナショナル/NL-F
洗面所　洗面器:TOTO/L-830
浴室　浴槽:テクノパル
便所　便器:TOTO/C-720、
ユーティリティー洗面器:TOTO/L-830
照明器具　ヤマギワ、ENDO、
マックスレイ、ナショナル
建築金物　ベスト、美和ロック
家具　製作(ベンチ、台所ハッチ、食卓)

食堂。壁の向こうがキッチン。

居間。中庭から光と風が入る。

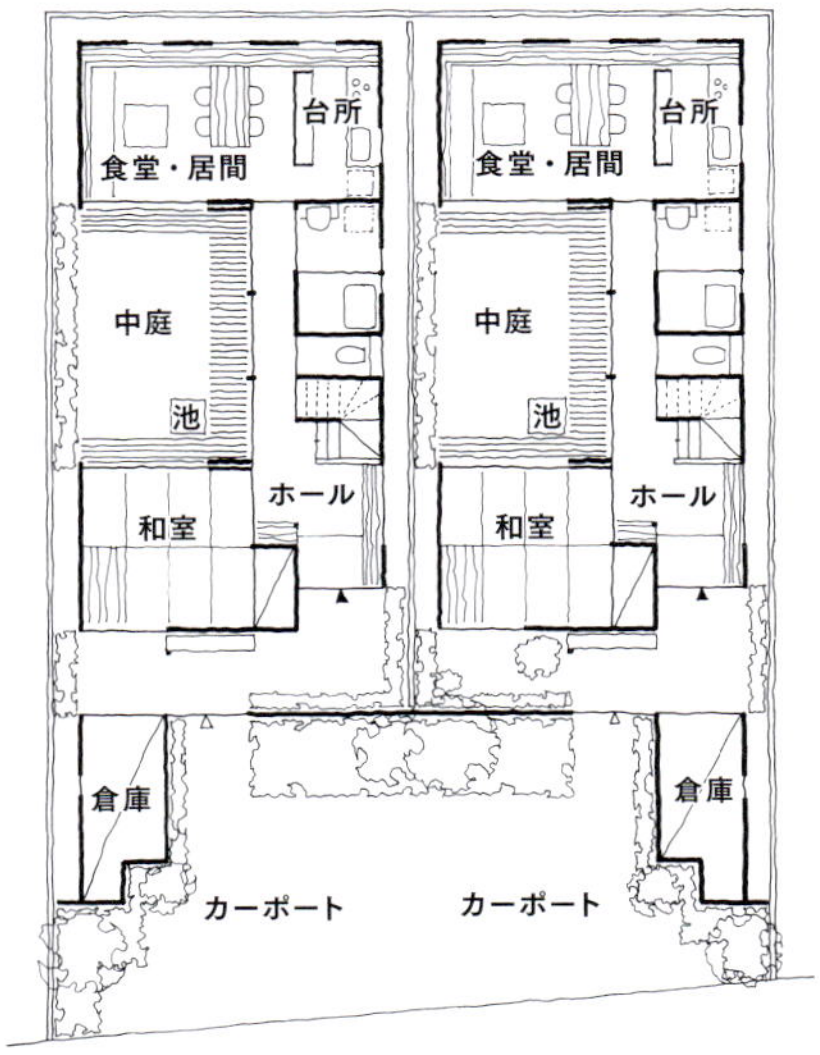

1階平面図

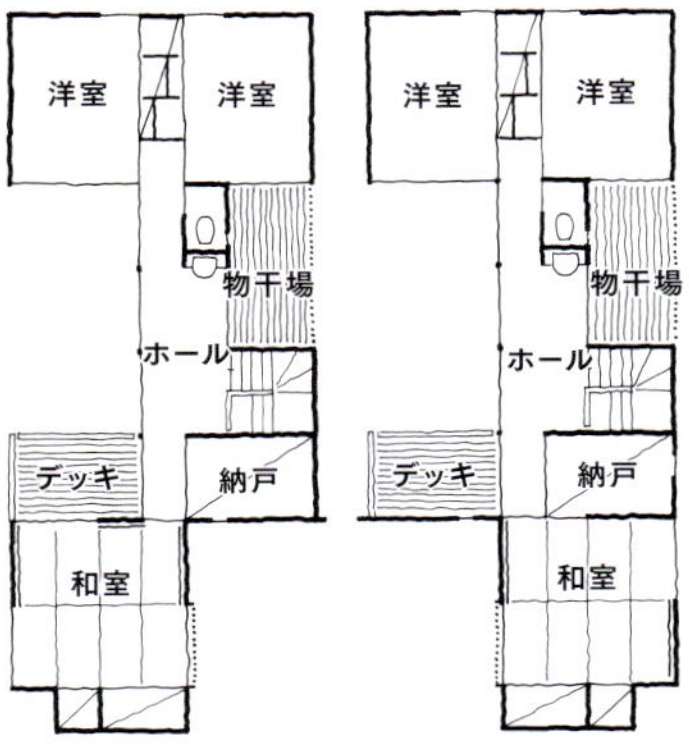

2階平面図

阿佐ヶ谷の家

2階デッキの家

道路側より見る外観。北側斜線と道路斜線が厳しい条件の中で、閉じすぎず見苦しくないつくりを考えた。

洋室からヒメシャラの植わる中庭ごしに玄関を見る。アプローチ・駐車スペース・植栽・濡れ縁と複合的要素をもつピロティ。

居間からベランダを見る。内部の延長としてのベランダ。狭い土地の小さな家を「広い家」にするには、連続感が必要になる。

上／居間。家具類は空間に合わせて造作した。
下／和室。寝室を兼ねる。

玄関を入ったホールには光を通す階段。

外からも楽しめる中庭

　狭小敷地だが、南道路のため、日照・通風が採れないわけではない。しかし駐車スペースとアプローチを確保すると、地上に落ちつきのある外部空間は期待できない。

　敷地面積30坪のところに制限いっぱい15坪の総2階としているが、延床面積30坪で家族4人の生活は決してゆとりのあるものではない。小屋裏利用も考えられるが、二方からの北側斜線と2項道路からの道路斜線による形態制限で、わずかなスペースしか得られないため無理は避けた。

　L字型プランの1階には二つのプライベートルームと浴室等を設け、2階にはリビングダイニングと寝室兼用の和室を設けている。

　和室を多目的使用とすることによって部屋数を減らし、そこで浮かせた面積で1階のプライベートルームにゆとりを持たせている。L字型プランの抜けた部分を囲うことによって内なる外部空間を生成し、2階にリビングと和室の延長空間としてのベランダを構成している。

　ベランダには穴を開け、1階のプライベートルームの採光に利用すると共に、地上の植栽をそこに突き出し、上下階の空間を連結する役割を持たせている。ベランダの下はプライベートルームの目隠しでもある植栽と共に、駐車スペースに車がなくても見苦しくないよう、くず石による化粧を施してある。

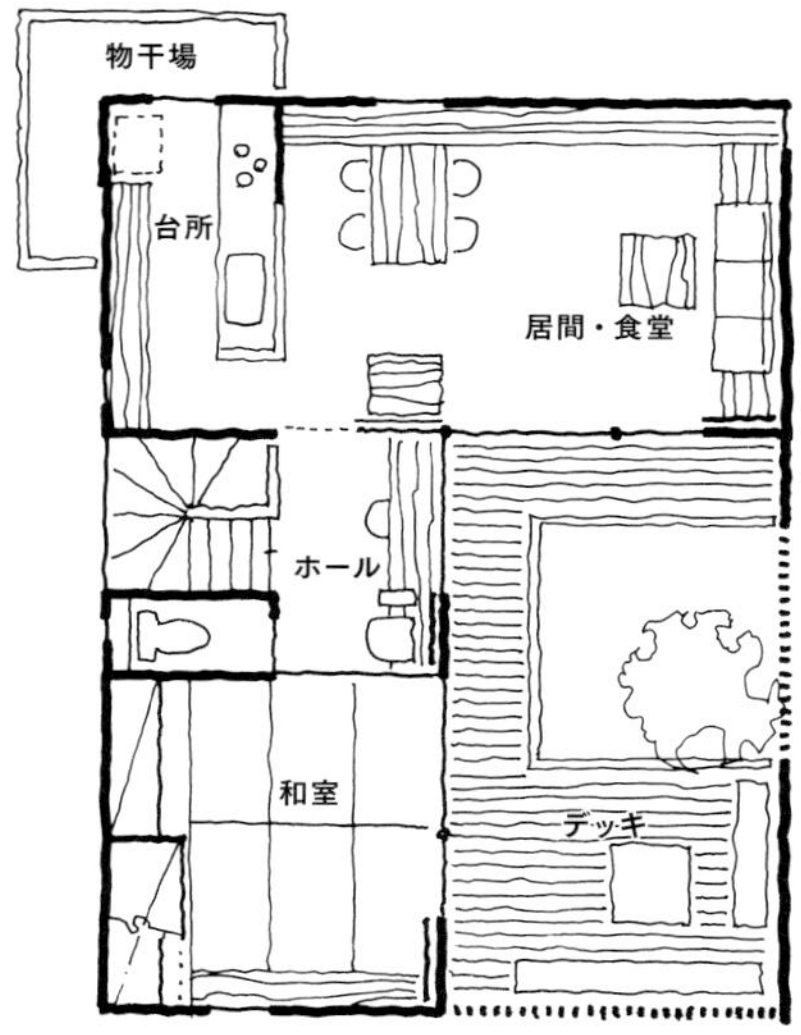

2階平面図

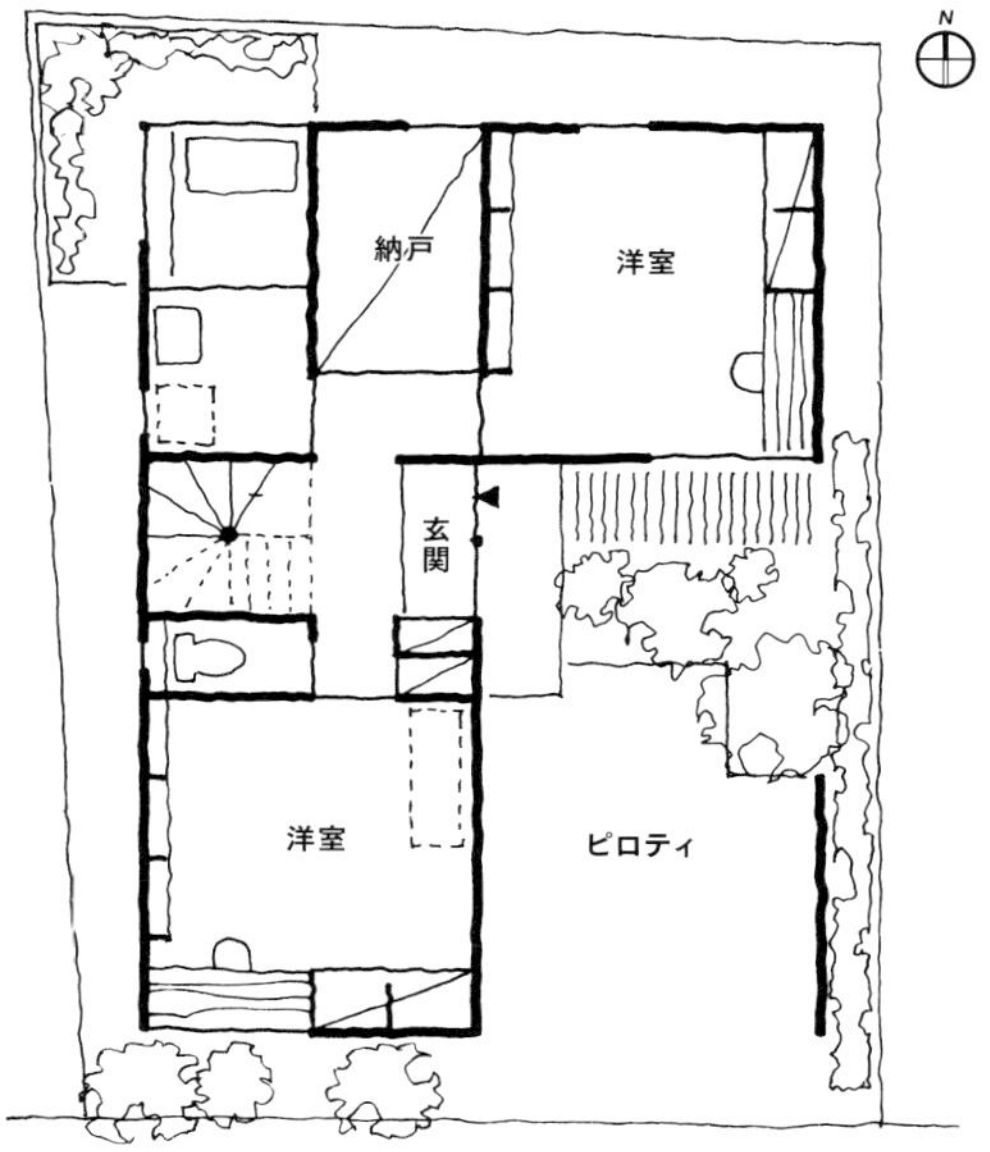

1階平面図

『住宅建築』1988年9月号より抜粋

建物概要

所在地…………東京都杉並区
家族構成………夫婦＋子供2人
設計……………DON工房（大野正博）
施工……………本間建設
　現場監督／菊地武史
　棟梁・大工／道又工務店（道又茂）
　屋根・板金／茨田鈑金工業所
　左官／木原左官工業所
　建具／岡芳木工所
　造園／神奈川庭園
竣工……………1997年3月
構造規模………木造2階建
敷地面積………100.17㎡
建築面積………49.69㎡
延床面積………99.38㎡（1階／49.69㎡＋2階／49.69 ㎡）
建蔽率…………50％（49.4％）
容積率…………100％（99.3％）
地域地区………第一種低層住居専用地域

●主な外部仕上げ
屋根　亜鉛アルミ合金メッキ鋼板横葺き
壁　セメント中空押出し成形板厚15㎜
建具　木製・アルミサッシ
●主な内部仕上げ
天井　一般／米栂縁甲板厚9 ㎜目透かし張り
　浴室／サワラ縁甲板厚15 ㎜目透かし張り
壁　一般／ルナファーザー下地水性ペイント塗り
　浴室／サワラ縁甲板厚15 ㎜目透かし張り
床　一般／合板フローリング厚12㎜
　浴室／ハーフユニット

●設備
暖冷房　電気式エアコン(床置型)：ダイキン、床暖房
給湯　ガス給湯器：リンナイ
●主な設備危機
台所　システムキッチン：ヤマハ／エピュート
　レンジフード：松下電器／FY90HVSI
洗面所　流し：TOTO/SK7
　ミラーキャビネット：TOTO／YMS250
浴室　ハーフユニットバス：INAX／UB-1670FSM
便所　便器：TOTO／CES960BLD
照明器具　オーデリック、マックスレイ、ヤマダ、コイズミ、ヤマギワ、松下
建築金物　アトム、ベスト、ミワ、ACE

屋上を見下ろす。屋根に穴を開け、三階の中庭と屋上のデッキをつないでいる。

両国の家

屋根を抜いて屋上庭園を実現

屋上から3階のベランダを見下ろす。中央に植えたのはヒメシャラ。

3階の廊下からベランダごしに茶の間を見る。

上左／3階から2階への階段。
上右／3階ホールから茶の間を見る。掘りごたつ式のテーブルに、家族が自然と集まるようになった。
下／2階の浴室はハーフユニットバス。
洗面室との間はガラス張りにして開放感をもたせている。

都会で自然を手に入れる

商店や倉庫の建ち並ぶ密集地に建つ、間口が狭く、奥行きの長い鉄骨3階建てで、1階が仕事場、2、3階がメゾネットタイプの住居となっている建物の住居部分の全面改築である。

事前調査の段階でまず感じたことは、間取りのまずさもさることながら、それによって強いられる空間的に貧しい生活形態と、不足しがちな家族のコミュニケーションの問題である。それとともに、土と空を渇望するもかなわぬ夢とふともらした建主の言葉に、なんとかしてあげなければと思うのは、設計を生業とする者にとっては当然だろう。

思い巡らすうちに、はたとひらめいたのが屋根を抜く案である。屋根を抜くことによって、太陽も風も空も緑もすべて手に入る。そこに家族が集うことによって、新しい生活形態が生まれることだろう。構造面、予算面のチェックを済ませ、ここに外を内に取り込む屋根抜き案が実現することとなった。

人の生活を操作してしまう建築は、やはり恐い（けれども楽しい）。

『住宅建築』1998年7月号より抜粋

屋上も全面ウッドデッキ張り。丹精した植木が並ぶ。

1階平面図　2階平面図　3階平面図　屋上平面図

●改修前平面図

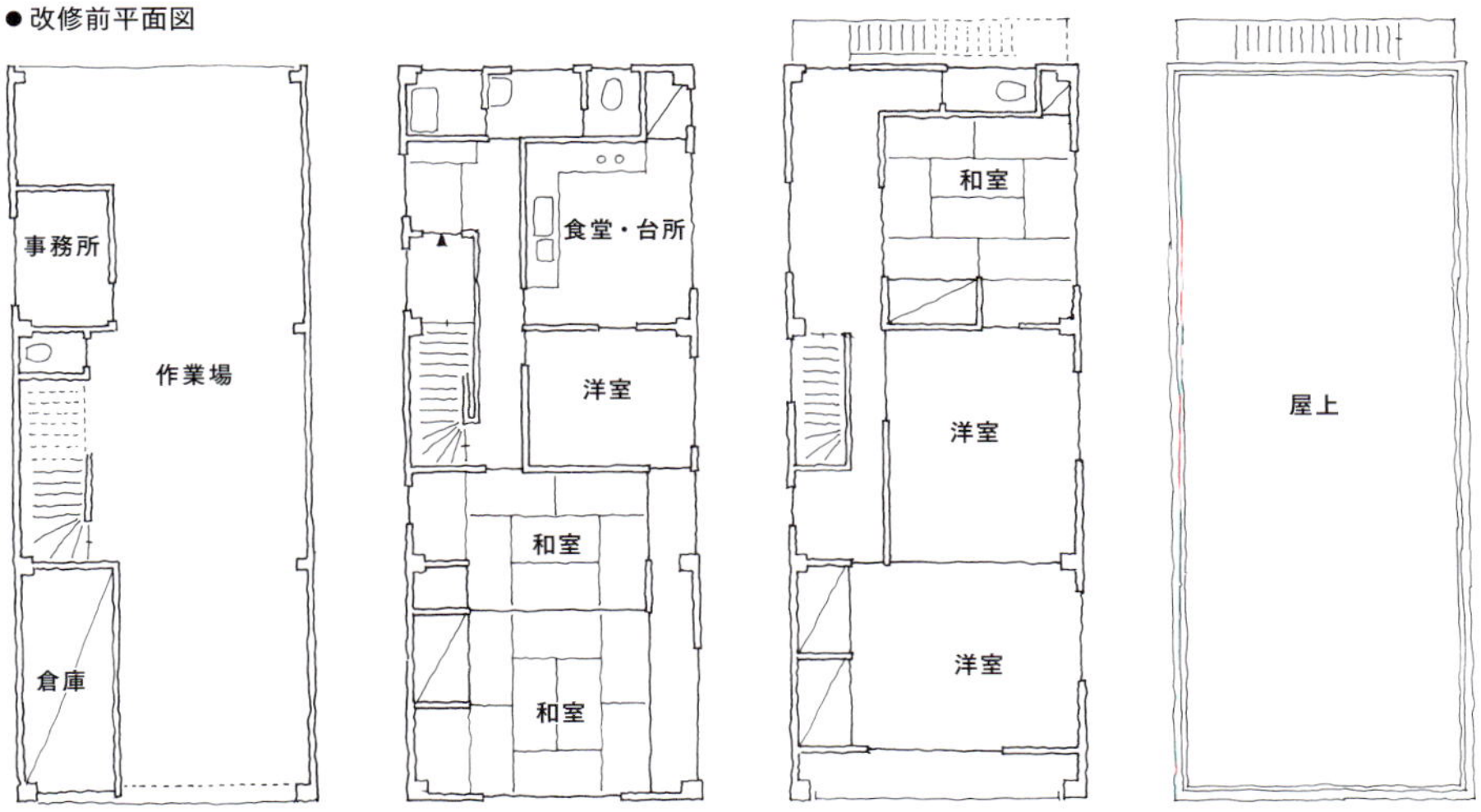

1階平面図　2階平面図　3階平面図　屋上平面図

建物概要

所在地……東京都墨田区
家族構成……夫婦＋子供2人＋父
設計…………原設計　工務店設計施工
改修設計……DON工房（大野正博）
施行…………本間建設
現場監督／菊地武史
大工棟梁／岡芳木工所：岡本芳治
屋根、板金／茨田板金工業所
左官／木原左官工業
建具／岡芳木工所
造園／神奈川造園
築年数……19年
改修竣工……1998年3月
構造規模……鉄骨造3階建
敷地面積……115.0㎡
建築面積……75.6㎡
延床面積……208.1㎡
（1階／75.6㎡
2階／75.6㎡
3階／56.9㎡）

●主な外部仕上げ
屋上　レッドシダースノコ張り

●主な内部仕上げ
天井　1、2階／PBの上ビニールクロス貼り
3階／レッドシダー縁甲板張り
壁　1、2、3階／PBの上ビニールクロス貼り
中庭／レッドシダー縁甲板張り
床　1、2階／合板フローリング
3階／床暖房合板フローリング
中庭／レッドシダースノコ張り

●設備
暖冷房　電気式エアコン、一部電気式床暖房
給湯　ガス給湯器

●主な設備機器
台所　システムキッチン：ヤマハ
洗面所　TOTO
浴室　INAX
便所　TOTO
照明器具　松下、ダイコー、ヤマギワ、ヤマダ
建築金物　ATOM、BEST、美和

松戸の家

平屋のコートハウス

居間から中庭と茶の間を見通す。

上／豊かな緑が楽しめる中庭とデッキ。
下右／玄関を入って正面に薪ストーブが設置されている。
下左／玄関土間からポーチを見返す。土間と連続する洗い出しの先に植木が。

北側外観。周囲に対しては閉じたかたちにした。前面道路の向い側は赤ちょうちん（焼鳥屋）。

中庭を中心にしたプラン

設計当時、近隣の開発が予想されたため、道路側に対しては閉じ、かわりに中庭を「コ」の字型に囲うコートハウスとした。

間口一間半と面積を広くとった玄関土間の正面には、薪ストーブを据えた。私は薪ストーブを設置する際は、必ず土間に位置するようにしている。なぜなら、薪や火を扱うには、室内より土間のほうが適しているからだ。この土間と廊下には45センチの高低差を設け、腰かけられるようにしている。ベンチがわりに腰かけて薪ストーブの炎を眺めるもよし、ご近所さんとの茶飲み話の場としてもよし。この家では、ご主人が趣味の自転車を整備するスペースとしても使えるようにした。

中庭のまわりにはぐるりと回遊できるデッキを設け、ベンチとテーブルを置いた。その緑豊かな中庭は、掘ごたつ式の座卓のある茶の間と、座卓とひとつながりになった台所から一望できるようにしている。

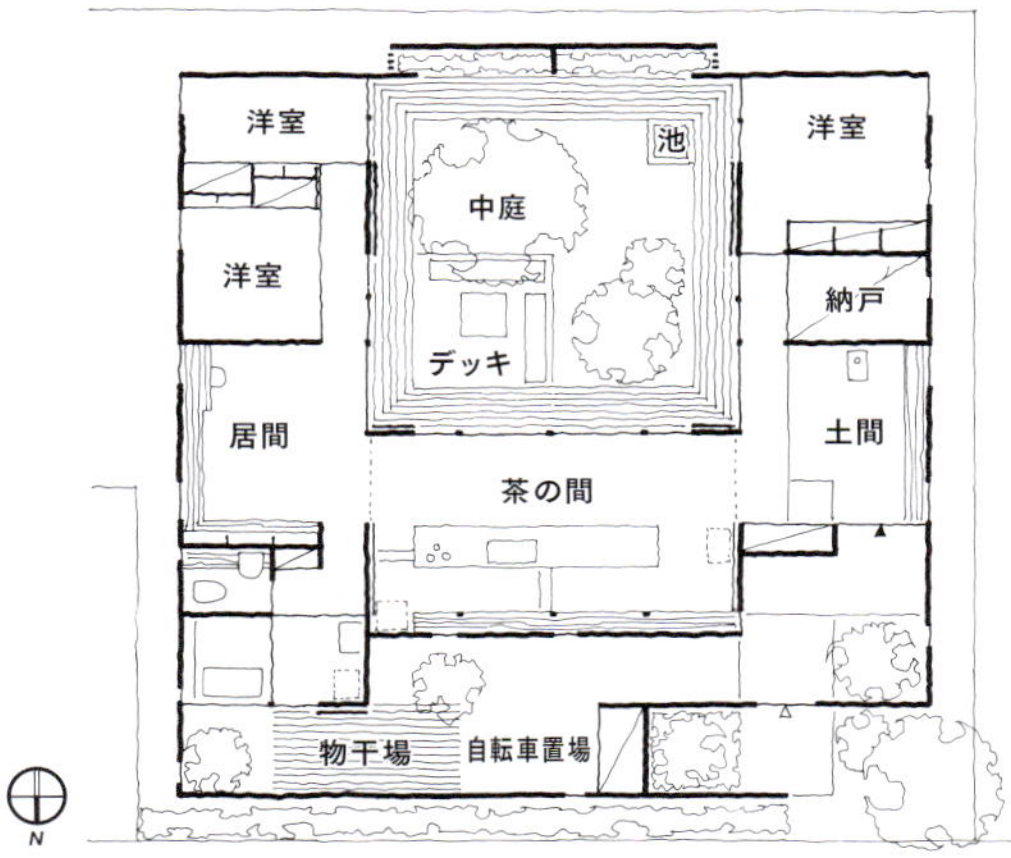

平面図

建物概要

所在地………千葉県松戸市
家族構成……夫婦＋息子＋娘
設計…………DON工房（大野正博）
施工…………大畑工務店
竣工…………2002年10月
構造規模……木造在来工法平屋建
敷地面積……291.30㎡
延床面積……115.57㎡

●主な外部仕上げ
屋根　ガルバリウム鋼板横葺き
軒天井　化粧野地板現し
外壁　モルタル吹き付けの上リシン吹き付け

●主な内部仕上げ
天井　ベイマツ合板、サワラ縁甲板
壁　クロス張り、サワラ縁甲板
床　クリフローリング

高井戸の家

空中回廊の家

中庭のデッキより建物を見る。中庭型の住宅では、住まいの中から建物の外観が視界に入るので、雨樋やデッキの手すりなどにも気を配ってデザインされている。

L字型の空間は、視線が中庭を抜けて外へと通る。

ホールから庭を見る。ヒメシャラ、ドウダンツツジ、ロウバイなどの庭木が季節ごとに花をつける。

上／空中に浮かんでいるような中庭のデッキ。L字型に配された建物の反対側は立体的なデッキで空間が構成されている。
左下／玄関ホールの階段。　右下／土間から庭と立体的なデッキを見る。土間と庭は格子戸で仕切ることができる。

空のある部屋

密集地でプライバシーを確保するには、とりあえず囲ってしまうという手段がある。防犯あるいは周辺からの視線を遮る目的で高い囲いを巡らして、内側を建築化するのも一方法である。客家《はっか》の集合住宅のように建物自体で囲ってしまう方法もあるが、大きな土地が必要となり、現実的ではない。限られた土地では囲いだけでは無駄が出るし建物自体で囲うには無理が生ずる。まずは建物自体である程度囲い込み、残りの囲いきれない部分を塀のようなもので遮るのが合理的である。

建物と囲いを使ってプライバシーを確保し、その空間を豊富化するにはどうしたらいいか。建物と囲いの間をより建築化するには建物を曲げるのがいい。いわゆる曲がり屋が入隅に内なる空間を生ずるように、建物を曲げることによって生成された

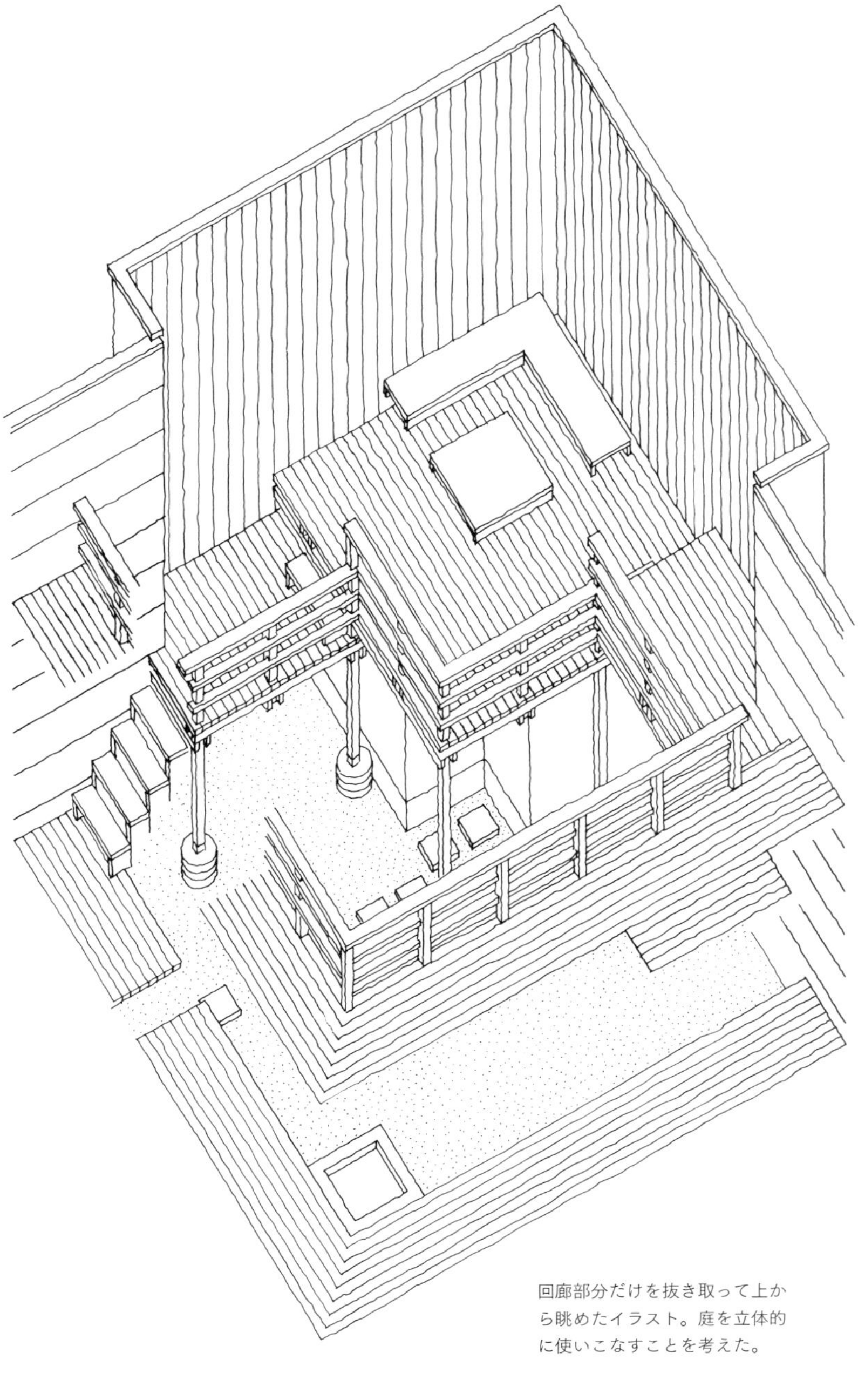

回廊部分だけを抜き取って上から眺めたイラスト。庭を立体的に使いこなすことを考えた。

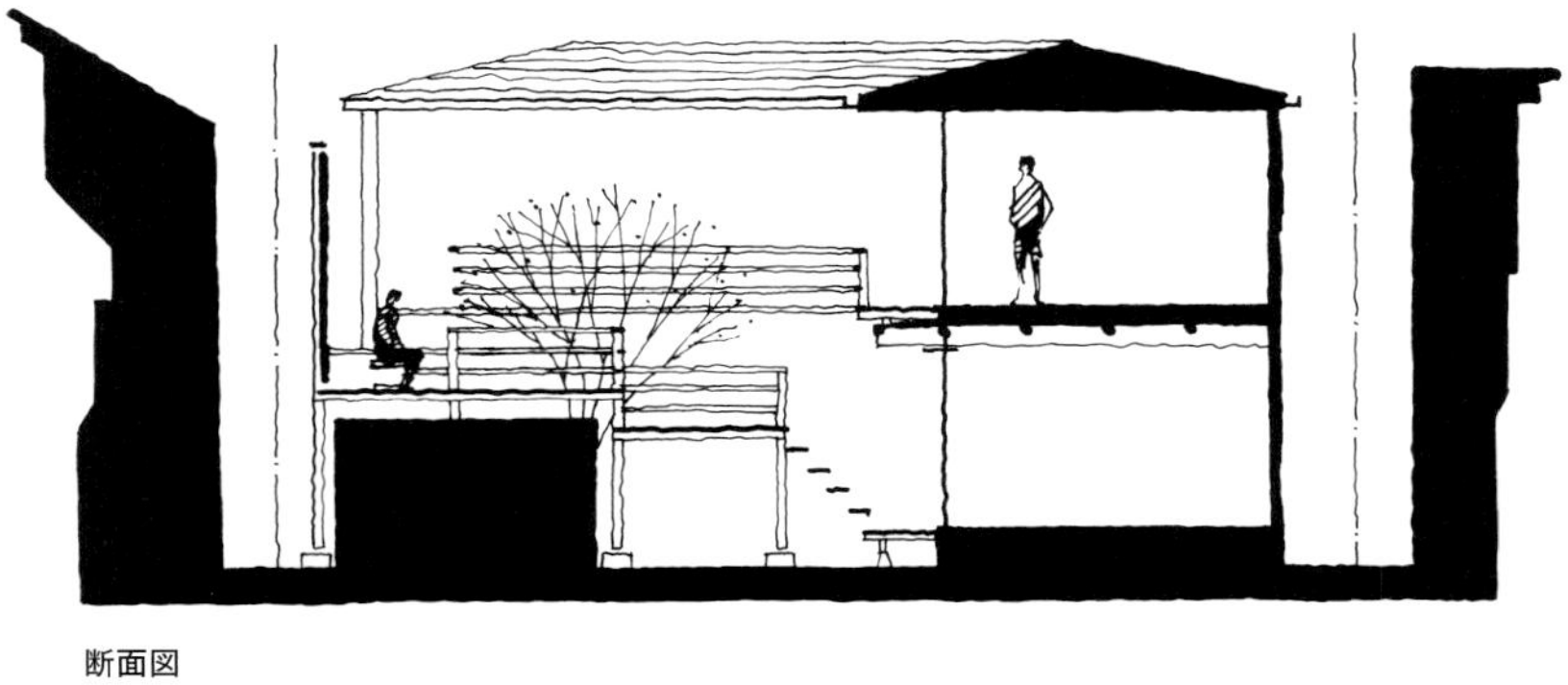

断面図

中庭が家屋と一体化した「空のある部屋」。デッキから見上げると、四角くきれいに切り抜かれた空が見える。空が借景となり、空まで敷地が延長されたかのような、のびやかな開放感がある。

内なる空間を別の方からも囲い込むことで、より豊富化することができる。この青天井の空間と屋根下の天井を持つ空間とを合体することによって、限られた土地をより大きく使い切ることが可能となる。

天井のある空間と天井のない空間とを結びつけるには、視覚的あるいは動的連続性が必要である。それは壁であったり、手摺や床であったりするが、ここでは床の連続性を視覚的にも動的にも強調している。雨に強い材を使い、2階から1階までスキップさせて立体的な連続性とリズム感をもつデッキを創りだした。囲い側の入隅には広めのスペースを設けてベンチとテーブルをしつらえ、部屋内からついつい行きたくなるような、あるいはいつでも行けるぞといった心理を生ずるように仕掛けてみた。空中回廊のごときスキップするデッキに歩みを進めると、空間がどんどん変化して回廊の楽しみを味わえる。ベンチから見上げる空は無限の借景となる。

部屋内と外の関係を密にするには視覚的に抜けているのが一番いい。天井と床が連続していてその間はきれいさっぱりと何もないのが理想だ。人が物を見るとき、見ている物以外は意識に上がらないが視界に入っている。視界にじゃまな物がなければないほど集中できるから心が安定する。デザインとそれを補完するディテールは、視覚的な「抜け」を指向している。じゃまものは消せ！である。

『住宅建築』2003年11月号より抜粋

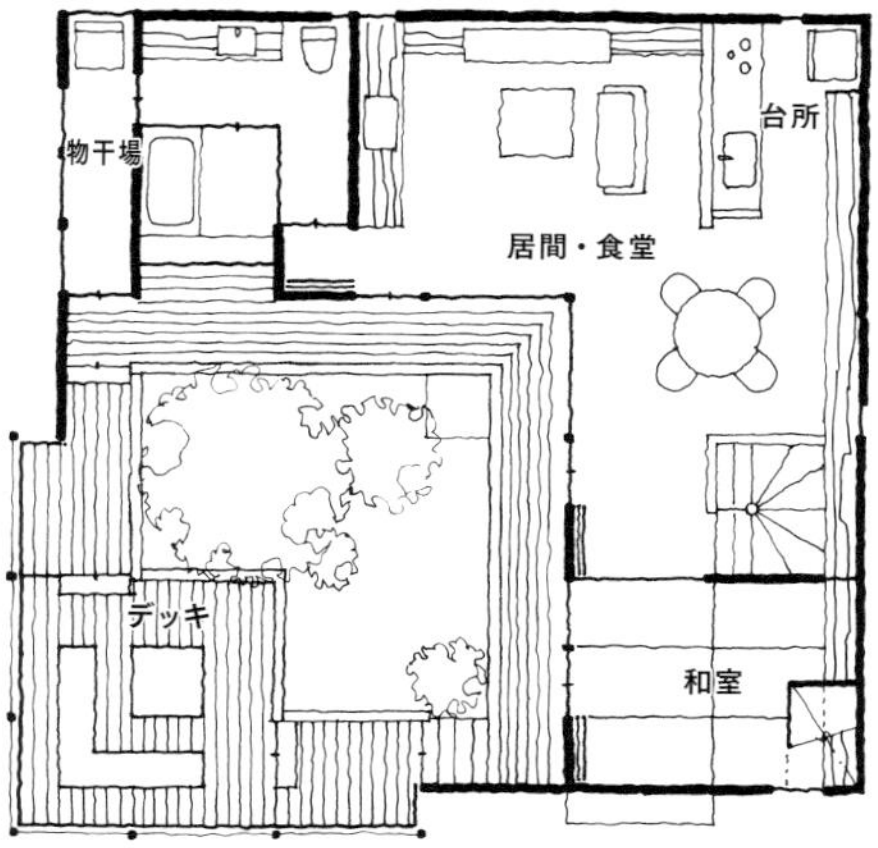

2階平面図

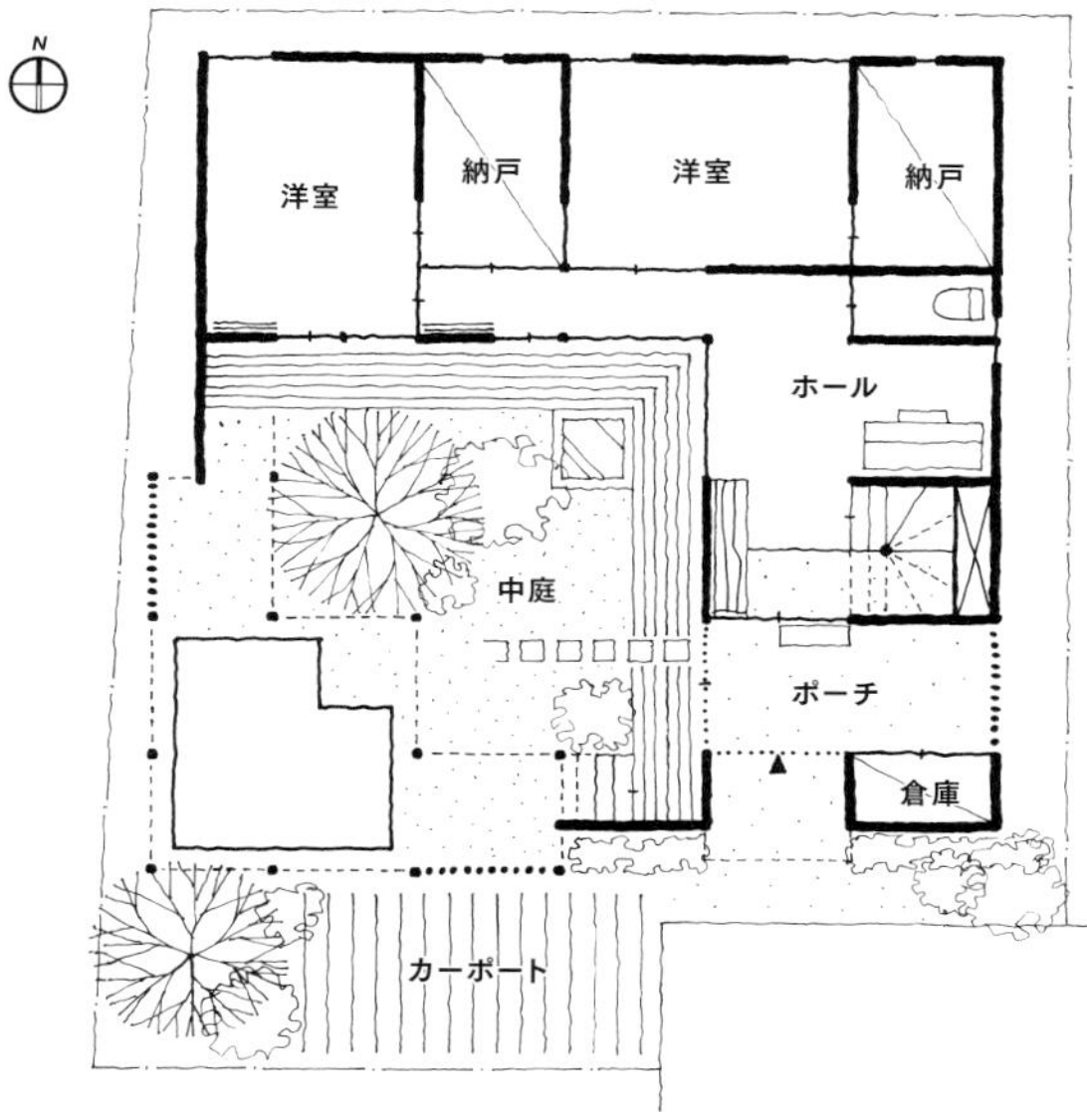

1階平面図

建物概要

所在地……東京都杉並区
家族構成……夫婦＋子供1人
設計…………DON工房（大野正博）
施工…………本間建設
現場監督／菊池武史
棟梁・大工／玉木惣六
屋根・板金／茨田板金工業所
左官／木原左官工業所
建具／岡芳木工所
造園／神奈川庭園
竣工…………2003年3月
構造規模……木造2階建
敷地面積……155.45㎡
建築面積……59.50㎡
延床面積……109.90㎡（1階/51.23㎡　2階/58.67㎡）
建蔽率………40％（38.27％）
容積率………80％（70.69％）
地域・地区……準防火地域、第一種低層住居専用地域、第一種高度地区

●主な外部仕上げ
屋根　ガルバリウム鋼板（黒）横葺き
壁　サイディング塗装仕上げ
建具　木製建具、一部アルミサッシ

●主な内部仕上げ
天井　2階／米松合板目透し張り厚4㎜
浴室・洗面／サワラ縁甲板張り
壁　玄関、1階、2階／プラスターボード厚12.5㎜の上ビニールクロス張り
浴室・洗面／サワラ
床　玄関／杉フローリング、玉砂利洗い出し
1階、2階、洗面／杉フローリング　浴室／タイル貼り

●設備
冷暖房　電気式エアコン：ダイキン
給湯　ガス給湯機：リンナイ
その他　浴室乾燥換気扇：TOTO

●主な設備機器
台所　KIT、セット：ナショナル
洗面所　洗面器：INAX
浴室　浴槽：INAX
便所　便器：INAX
照明器具　松下電工、コイズミ、ヤマギワ、エンドウ、マックスレイ、オーデリック
建築金物　角型差入口：ベスト
家具　大工工事

東御の家

風景の中に住む

ベッドスペースからデッキを見る。

上／大きなダイニングテーブルのほか、壁際にはデスクが造り付けられている。
下／テーブルにキッチンが組み込まれている。奥の壁の向こうがベッドスペース。建具で仕切れるようになっている。

玄関。４畳半の和室は建具で間仕切れば客間としても使える。

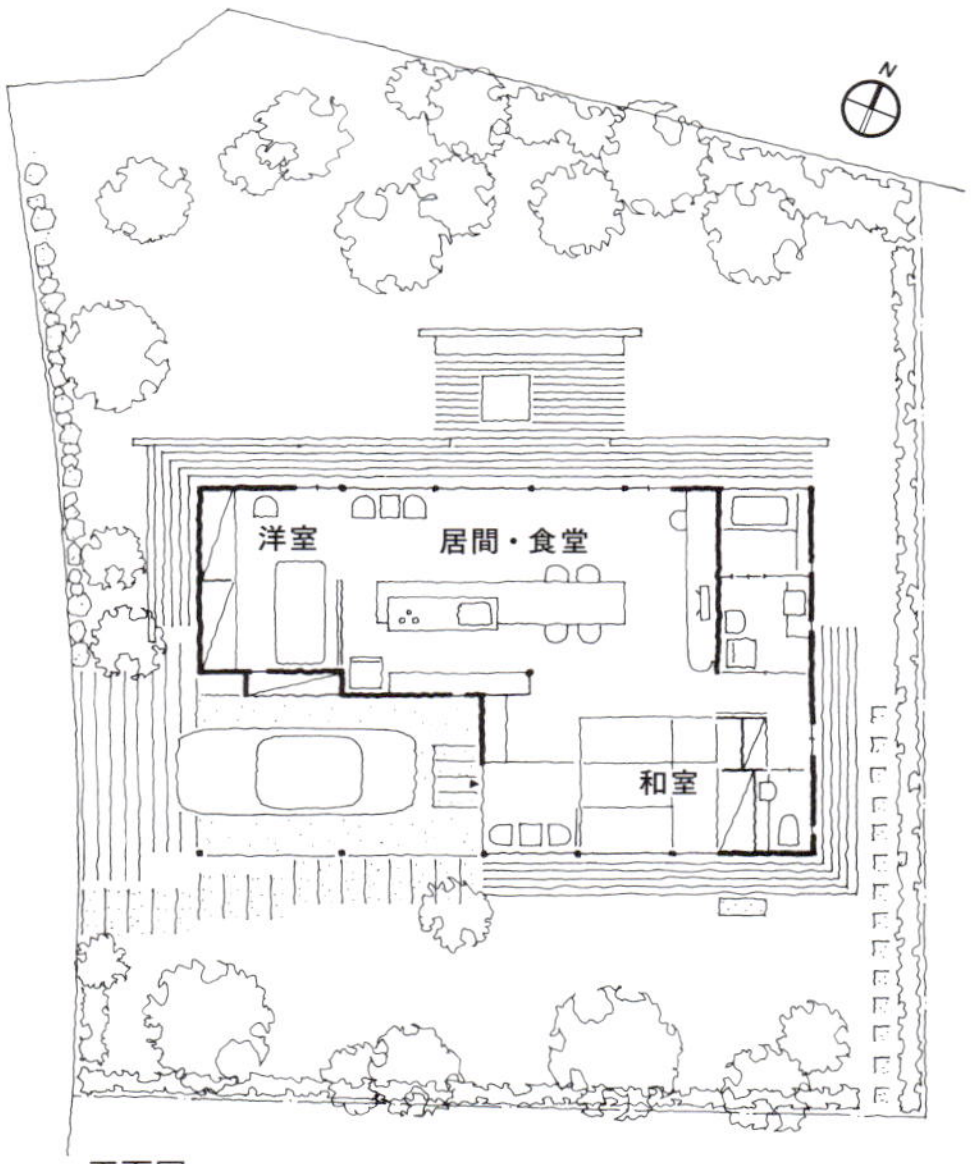

平面図

夕景の北西外観。

道路に面した南西側の外観。

建物概要

所在地………長野県東御市
家族構成………夫婦
設計……………DON工房（大野正博）
施工……………㈲デフ
構造規模………木造在来工法平屋建
竣工……………2006年4月
敷地面積………338.49㎡
延床面積………85.95㎡

●主な外部仕上げ

屋根　ガルバリウム鋼板横葺き
軒天井　化粧野地板現し
外壁　左官部：白洲そとん壁T-21
板張部：杉板　幅=120㎜　厚=15㎜
矢切部（妻側）：杉板目板張り　デッキ：椹

●主な内部仕上げ

天井　杉縁甲板張り　幅=120㎜　厚=10㎜
壁　石膏ボード　厚=12.5㎜　EP塗装
床　杉フローリング　厚=15㎜

北側に広がる景色を楽しむ

敷地の北には緑豊かな丘の風景が広がる、自然に恵まれた環境。そこに、キッチンとダイニングを中心に、全体をほぼワンルームにまとめた小さな平屋を建てた。南にも北にも大きな開口部を持つ開放的なつくりだ。

この家の大きな特徴である全体を囲むように設けられた縁側は、内外の空間をゆったりつなぐ中間領域の役割はもちろんのこと、住まい手や訪れた人びとがこの家を楽しむための仕掛けでもある。なかでもメインの空間が面する北側には、縁側から張り出したデッキがつくられ、ベンチとテーブルが設けられている。

メインの空間を北に向けたのは、「北側に広がる丘の風景」「影が大きくならない平屋」「開かれた敷地」という条件を生かしてのこと。これによって、日中に家の中から外を見るときは、南からの直射日光に向き合わないため、眩しさを感じない。建物の背後から差す日光は、縁側の先の庭を明るく照らしてくれる。そしてこの向きだからこそ、窓の外の見事な景色を室内から楽しむことができる。

軽井沢の別荘

板土間に薪ストーブ

木立から見る外観。

2階から１階の板土間を見る。薪ストーブは長野の薪ストーブメーカー「ストーブ工房山林舎」にオーダーしたもの。

上／２階のダイニングに腰かけると、
開口部から軽井沢の自然が一望できる。
下／座卓とキッチンが一体になったテーブル。

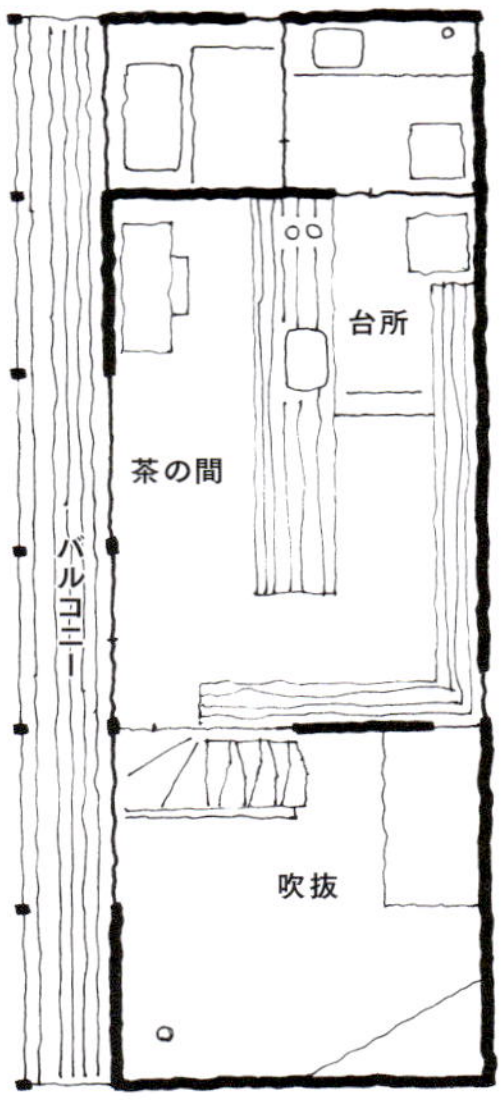

2階平面図

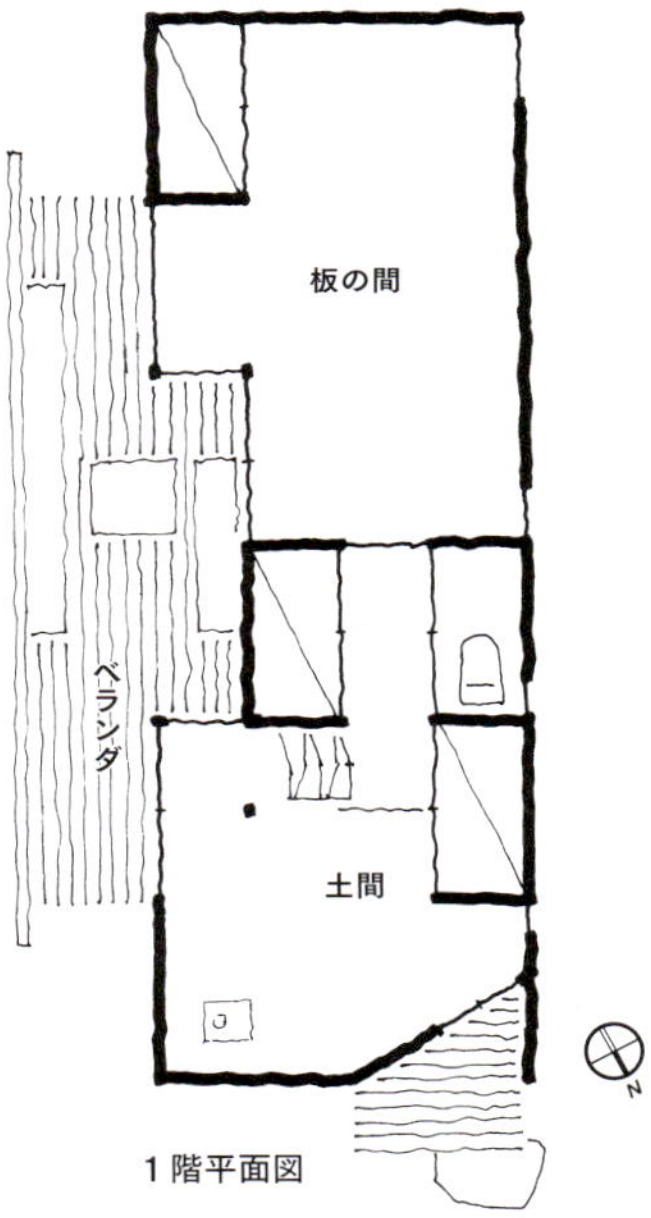

1階平面図

上／1階のデッキはスペースが広く、テーブルとベンチも設けられている。
下左／杉板の外壁が森の風景になじむ。
下右／自然を眺めるために、上下階にデッキを設けている。

建物概要

所在地 ……… 長野県北佐久郡
家族構成 ……夫婦＋子ども2人
設計 ………… DON工房（大野正博）
施工 …………㈲アトリエ デフ
担当／竹入 秀幸
大工棟梁／金井政徳（金井建築）
建具工事／宮川孝彦（宮川建具工業）
塗装工事／池内健二（池内塗装）
外構工事／赤尾和治（アートランド）
構造規模 ……木造在来工法2階建
竣工 ………… 2007年8月
敷地面積 …… 845.69㎡
延床面積 …… 63.60 ㎡（1階35.52 ㎡ 2階28.08㎡）

●主な外部仕上げ
屋根 ガルバリウム鋼板
軒天井 杉板
外壁 杉板
●主な内部仕上げ
天井 杉板
壁 モイスEP
床 杉板、栗板

家族で楽しめる別荘

東京で暮らす一家が、軽井沢の自然に囲まれた地で子どもにいろいろな体験をさせたいと考えて建てた別荘である。

施主の希望は、「家族4人が一緒に寝られる、眺めを楽しめる、周囲の景観に溶け込んでいること」。そこで、1階は家族の寝室となる板の間、2階は対面式の台所がある茶の間とし、1階と2階は土間の吹き抜けでつなげるというプランを提案した。このプランなら薪ストーブ1台で家全体を暖められることから、念願の薪ストーブ導入も可能になった。

さらに上下階どちらにも広い開口部を設け、山や胡桃の木など軽井沢の自然が一望できるようにした。そして別荘でも飼い犬と一緒に過ごすので、愛犬の居場所となる土間は、くつろげる栗の板を張っている。温かみがあり、肌感触がよいうえ、コストの削減にもつながった。

北鎌倉の家

住まいと仕事場のある住宅

南側外観を見る。2.4mの高低差がある敷地に建つ。

南側のデッキから建物外観を見る。

キッチンから一段下がった居間とデッキを見る。

玄関からデッキ空間を見る。
左手が住居スペース。右手が壁を挟んで仕事場になっている。

山裾の地形を利用して

２００７年６月、建主から突然のFAXでこのプロジェクトは始まった。こちらから電話を入れたらすぐに飛んでこられ、人柄も良さそうなのでその場で依頼を受けた。設計は細かいところは任せていただいたのでスムーズに進んだが、建築確認がなかなか降りず着工が遅れた。

仕事場を住まいと合体させた家である。敷地は２・４ｍの段差があり、そこに頑丈なコンクリートの擁壁があってプランニングの邪魔をするので費用を出していただき、それを取り除いてから設計の自由度が増した。しかし一部斜面のある土地で、かなり変形もしているので、その範囲内でのプランニングにはけっこう悩まされた。

技術的な問題として、山裾からの湧き水の処理とそれによる地面の湿気対策があった。解決策として、湧き水はそのまま利用して「流れ」をつくり、タンクに溜めて水量の少ない時期は循環させて流れを保ち、多い時期はオーバーフローさせてアプローチ脇の「滝」として楽しめるようにしてある。アイデアと具体化は青海造園の萱森氏による。湿気対策は基礎の周りに透水管を埋め込み、「水抜き」をしている。効果はありそうだ。「流れ」には私の要望で上流にワサビ、中流にクレソン、下流にシジミが生息する。今のところワサビだけだが、そのうち全て実現するだろう。刺身に自前のワサビ、味噌汁に自前のシジミを想定している。

道路からは小さな田んぼの脇を専用通路でアプローチする。建物は土地の上段をメインの地盤に設定し、下段はカーポート・自転車置き場・倉庫として使用している。上段の変形した土地の使える部分にめいっぱい建物を建て、他は中庭やデッキに充てている。今は景色のいい田んぼだが、将来的には宅地化が想定されるため、借景のような扱いにはしていない。

1階は仕事場と住まいを完全分離し（2階では行き来できる）、玄関も二つ設けてある。キッチンと一体になった掘りごたつ式の食卓のある茶の間から、掘り込むように床を下げたスペースは、吹き抜けにしてホ

玄関前からカーポートを見る。

ームシアター風の居間としてしつらえてある。浴室の上の小部屋は薄暗い部屋を想定していたが、欄間からの明かりが予想以上に強く、イメージと違ってしまった。残念！

工事中に強烈な湿気におそわれた。フローリングの一部を取り除き、加工してからビスで張り戻したり、浴室のサワラの壁・天井はすべて張り換えた。監督は真っ青、大工も食事が喉を通らないほどだった。持ち込まれた除湿器がだんだん増えて最大で8台も並んでいることもあった。今年の梅雨時はどうだろう。しばらく目を離せない。

『住宅建築』2010年3月号より抜粋

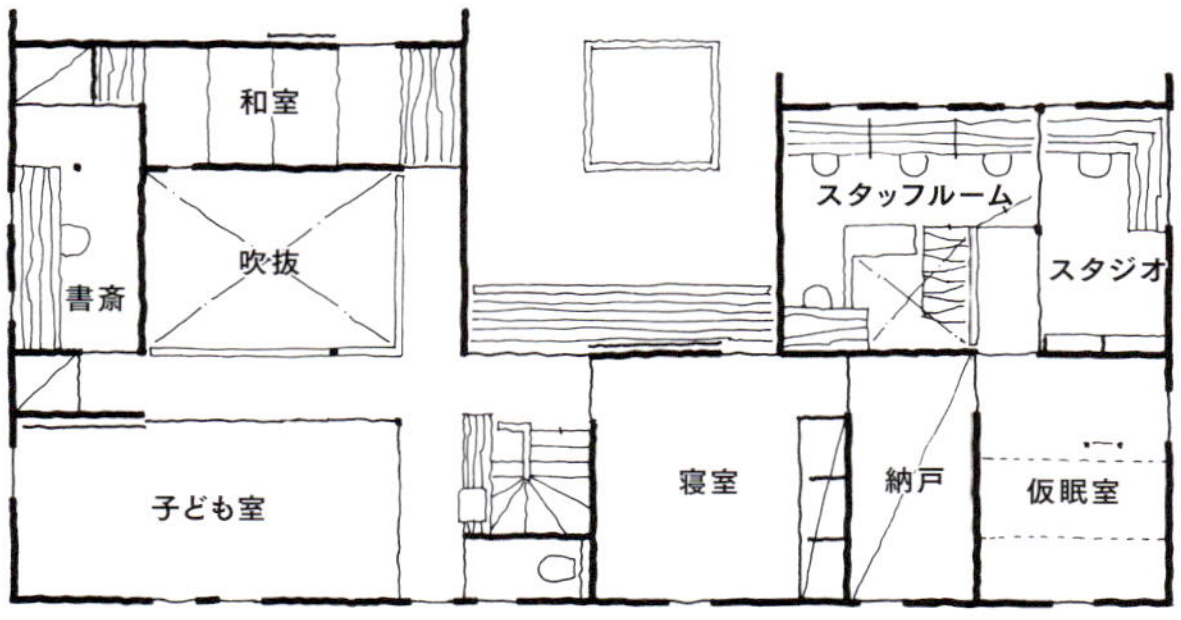

2階平面図

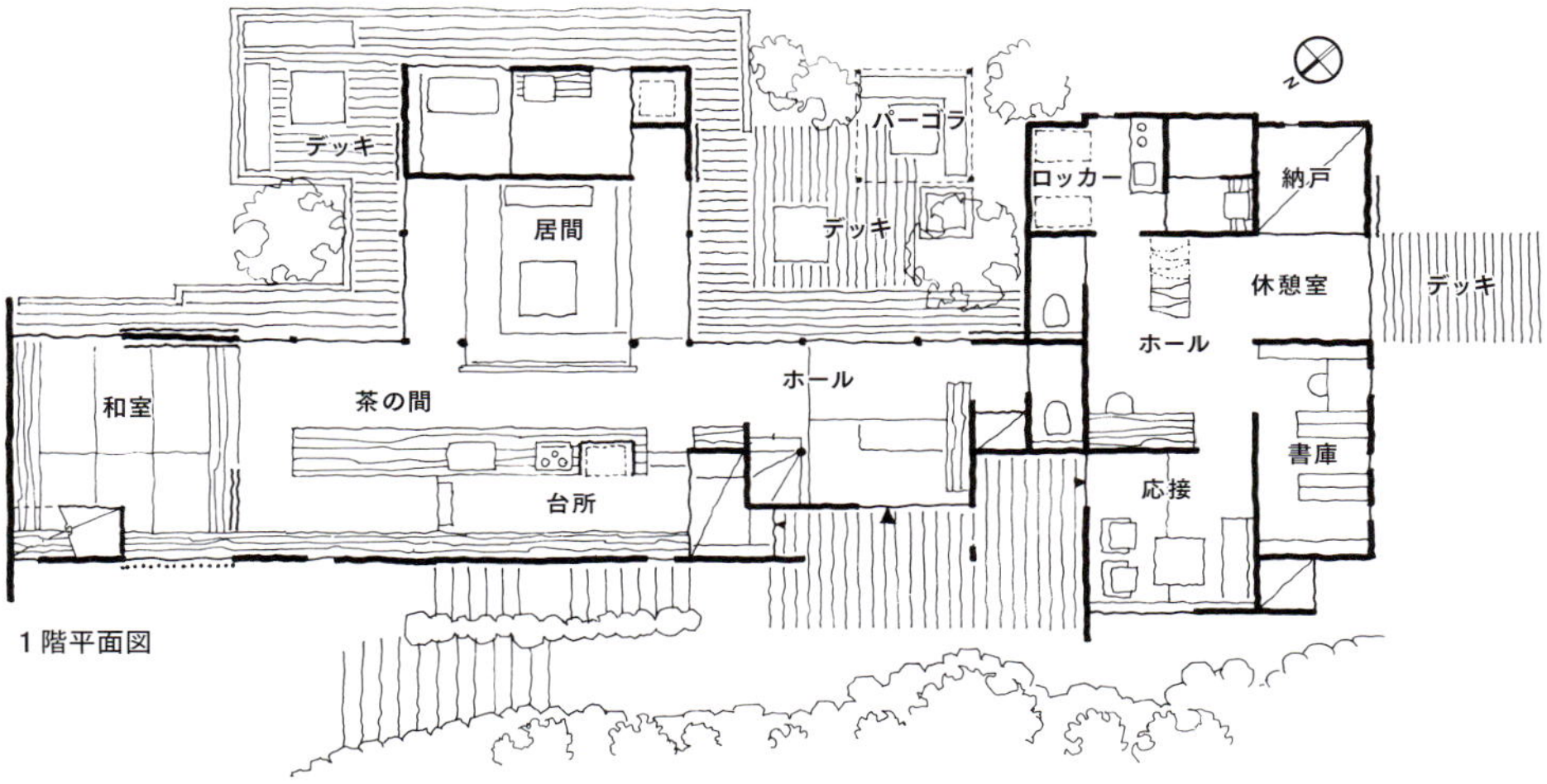

1階平面図

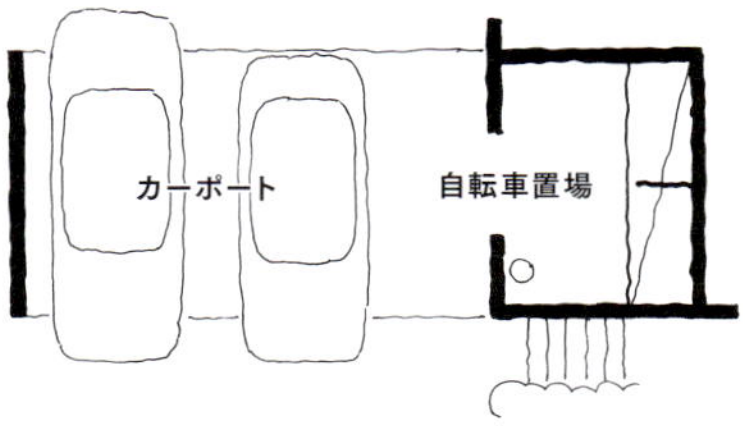

駐車場階平面図

建物概要

所在地……神奈川県鎌倉市
家族構成……夫婦
●設計……DON工房（大野正博）
●施工……本間建設
現場監督／菊池武史
大工棟梁／白木工務店（白木智好）
屋根・板金／茨田板金工業所
左官／木原左官工業
建具／岡芳木工所
造園／青海造園
竣工……2009年9月
構造規模……木造2階建
敷地面積……441.37㎡
建築面積……123.55㎡
延床面積……218.99㎡
（地階／9.91㎡
1階／117.35㎡　2階／91.73㎡）
建蔽率……27.99%（40%）
容積率……49.61%（60%）
地域地区……第一種低層住宅専用地域、
第二種風致地区
●主な外部仕上げ
屋根　ガルバリウム鋼板瓦棒葺き
壁　防火サイディング・
レッドシダー本実サイディング
建具　木製建具、アルミサッシ
●主な内部仕上げ
天井　Jパネル現し
壁　ビニールクロス貼り
床　杉フローリング、栗フローリング
●設備
暖房　温水式床暖房・エアコン
冷房　エアコン
給湯　深夜電力温水器
●主な設備機器
台所　パナソニック
洗面所　INAX
浴室　INAX
便所　TOTO
照明器具　ダイコウ他
建築金物　スガツネ他

長柄の家Ⅱ

築120年の古民家を改修

居間・食堂から裏庭の池を見る。

上／南側の庭から住まいを見る。
下／居間からアイランドキッチンを見る。

裏庭から食堂を見る。池に突き出したデッキは改修時に新設したもの。

上／庭からギャラリーの玄関を見る。
下／玄関土間から仏間方向を見る。仏間の向こうはギャラリーに続く。

玄関土間。既存の建具が生かされ、古民家らしさを残しつつも、すっきりと現代的な佇まい。

ギャラリーは可動式のパネルで展示スペースを自在に仕切ることができる。

庭と響き合う住まい

千葉県長生郡の築120年以上という古民家を、週末住宅として改修した。かつて東京都西部にある施主の自宅を設計した縁で、改修にあたっても相談を受けた。

そこで、夫婦2人の暮らしに合わせて部屋数を整理し、間取りを簡素に。さらに二つある玄関の一つを生かし、版画家である奥さんの作品を飾るギャラリーを併設した。将来的な定住に備え、キッチンやトイレなども大幅に改修している。

施主は、豊かな自然を堪能するために、やはり自宅の庭を手がけたという彩苑の栗田信三氏に造園を依頼。自然の雑木林の良さを取り入れ、雨水を循環させる川と池からなるビオトープ（下図を参照）をつくり、生き物と共生する庭となっている。

こうした緑豊かな庭を眺めるために、メインとなる居間・食堂の壁は全面ガラスとした。居間の床に座ると、池のある裏庭の景色へと視線が伸びてゆく。人工物が一切見えない特別な景色を眺められるこの空間を生かすことが改修のポイントだった。

ギャラリー近辺の水辺。造園は彩苑の栗田信三氏によるもの。

全体図（図：大野正博）

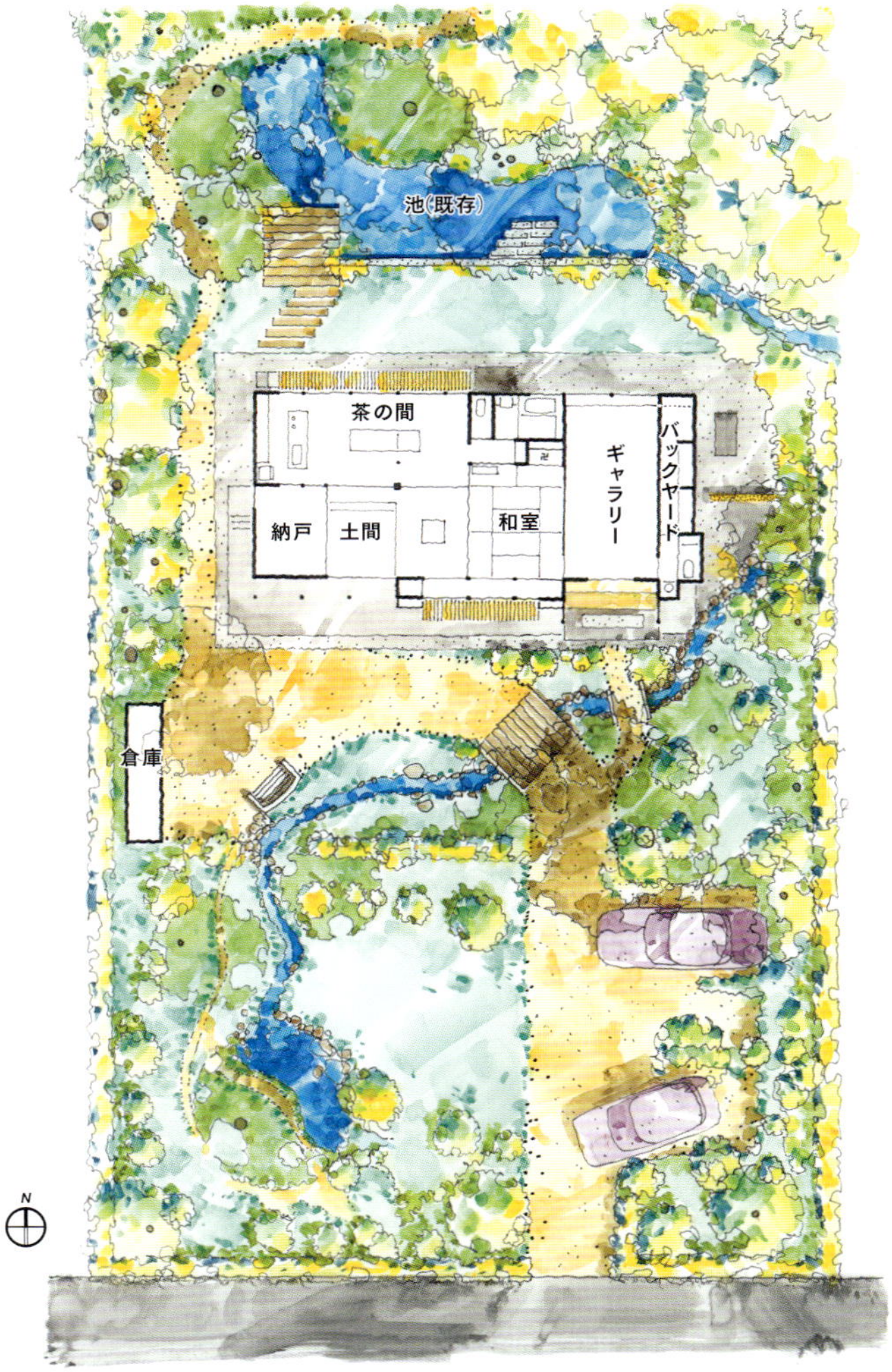

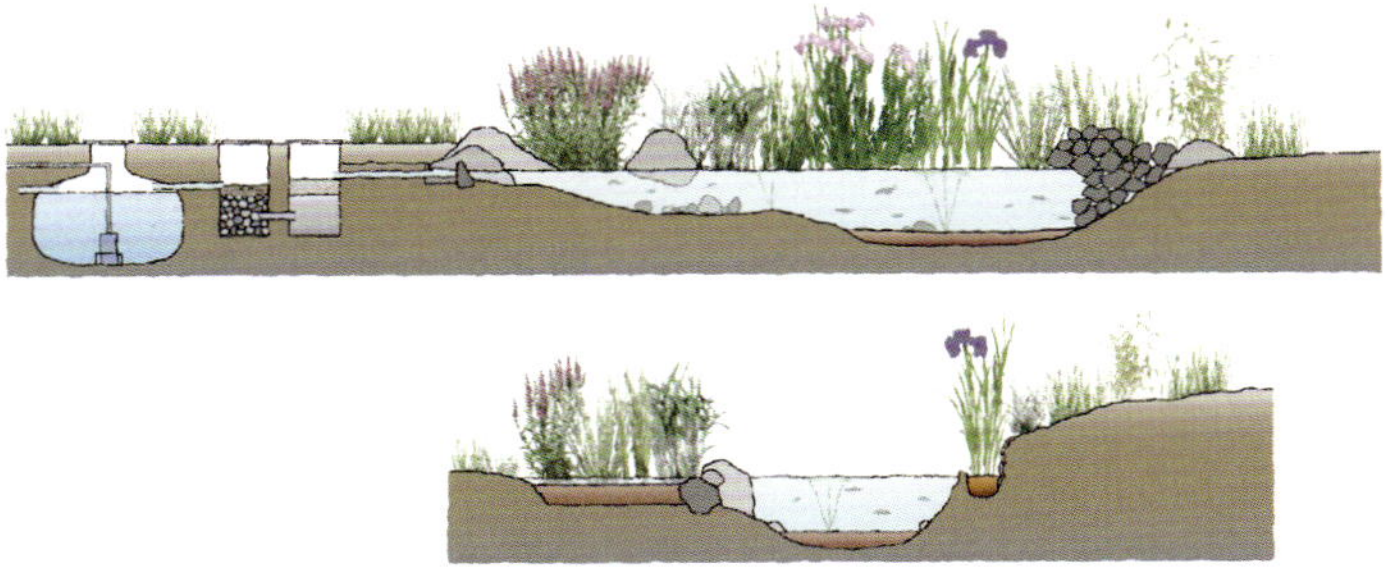

ビオトープの仕組み（図：栗田信三）

建物概要

所在地……千葉県長生郡
家族構成……夫婦二人
改修設計……DON工房（大野正博）
施工…………㈲田中兄弟工務店
造園…………㈲彩苑　栗田信三
構造規模……木造在来工法平屋建
竣工…………2011年8月
敷地面積……約500㎡
延床面積……128㎡
●主な外部仕上げ
屋根　既存
軒天井　既存
外壁　波型カラー鋼板
●主な内部仕上げ
天井　既存、サワラほか
壁　既存、サワラほか
床　杉フローリング

松山の家

スキップフロアの家

2階の茶の間からデッキを見る。

上／パーゴラのあるデッキ。
下／デッキから茶の間・板の間を見る。

大人数が集まれる空間づくり

愛媛県松山市に建つ、約40坪の2世帯住宅。南北の間口に対して東西の奥行きが長い敷地を生かすため、立体的な構成としている。駐車場に面した北面を閉じ、かわりに神社に接する西面の2階に、デッキと開口部をとった。1階は水まわりと個室群。1階から階段を回るように上がって2階もスキップフロアとした。

さらに置き家具ではなく造り付け家具を用いることで、ゆるやかに居場所をつくり部屋を広々と使えるようにしている。置き家具がないことは、人が大勢集まれることにつながる。茶の間の中心も、台所と一体になった造り付けの座卓。片側にはベンチを置いているが、もう片側は床に座ってそのまま座卓下に足を入れられる掘り込み式。来客の数に合わせて椅子を用意しなくてもいいし、詰めれば大勢で一緒に食卓を囲むことができる。

実際に、ご近所さんが集まって食卓を囲むことも多いそうで、その際は子どもも含めて20人以上が集まるという。

吹き抜けから薪ストーブのある土間を見る。
秘密基地の小窓から子どもが顔を出す。

東面外観。

建物概要

所在地………愛媛県松山市
家族構成……夫婦＋こども2人＋母
設計…………DON工房（大野正博）
施工…………(株)西渕工務店
現場監督：小林雅章　棟梁：高井 潤
板金：成岡板金(有)（成岡 哲）
左官：矢野左官工業（矢野比佐司）
建具：山本建具（山本博幸）
造園：仙波農園（仙波太郎）
構造規模……木造2階建
竣工…………2015年8月
敷地面積……228.50㎡
延床面積……132.38㎡（1階86.89㎡　2階45.49㎡）
●主な外部仕上げ
屋根　ガルバリウム鋼板
外壁　漆喰塗り
●主な内部仕上げ
天井　杉板厚10㎜
壁　和紙クロス貼り
床　杉板厚15㎜

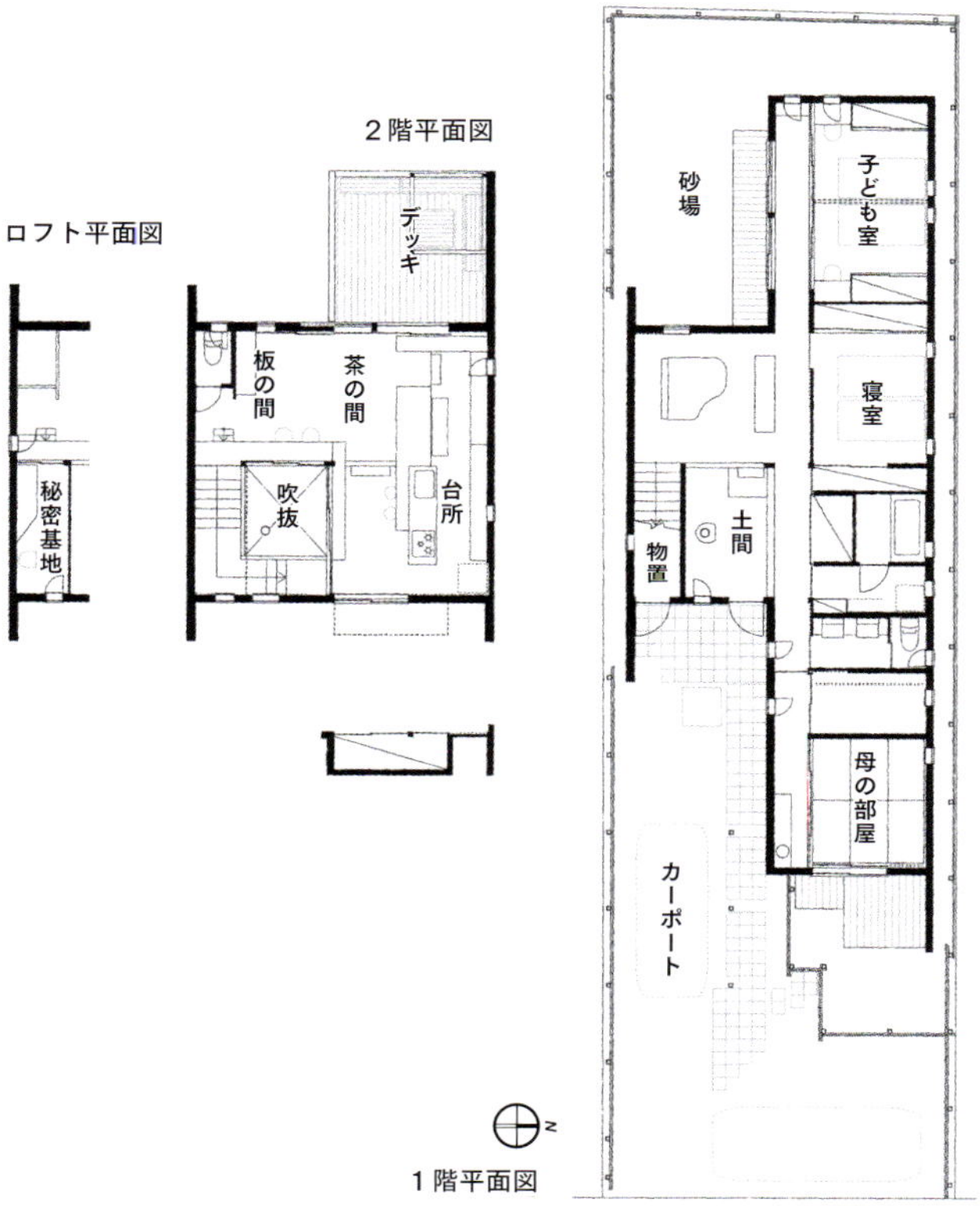

逗子の家

特殊な敷地を生かす

玄関扉からアプローチを見る。手前のコンクリート池にはメダカが住む。

玄関ポーチの真上に位置する２階のデッキ。LDK の一部として使えるようにベンチとテーブルを設えた。

LDK全景。右手の開口部がデッキに続く。

上／ダイニングの背面の壁には、施主の希望で大谷石を貼り、カウンターを設けた。
下／天井の勾配を生かしたリビング。家具はすべてかつて北欧に暮らしていた施主が持っていたもので、それに合わせて設計した。

アイランド型のキッチンにも大谷石を使用。

東西にバルコニーを設ける

とにかくこれまでに出会ったことのない特殊な敷地である。接道は2メートルのみで奥行きが45メートル。しかも36メートル分は別の道路に接しているように見えるが実はそうではない。道路と敷地の間に巾70センチの延々とつづく共用の通路があり、敷地の先にある他人の土地までつづく。この「隣地」は敷地の東端の先で約7坪の「家庭菜園」となっている。つまり奥まったところにある他人の家庭菜園のための「通路」で、それが45メートルもある袋小路となっているのだ。

間口2メートルでは車を置いたら人は通れない。それではせっかく宅地開発しても買ってもらえない。そこで開発業者の工夫である。70センチの「通路」は駐車場を分割してつくった二つの土地の共用部分として売りに出したのだ。これによって間口2メートルの超細長い土地は別の道路に36メートルも他人の通路を介して「接道」するのだ。諸般の事情があったにせよ、開発業者のこのアイデアにはただただ脱帽である。ちなみにこの「家庭菜園」は隣家のも

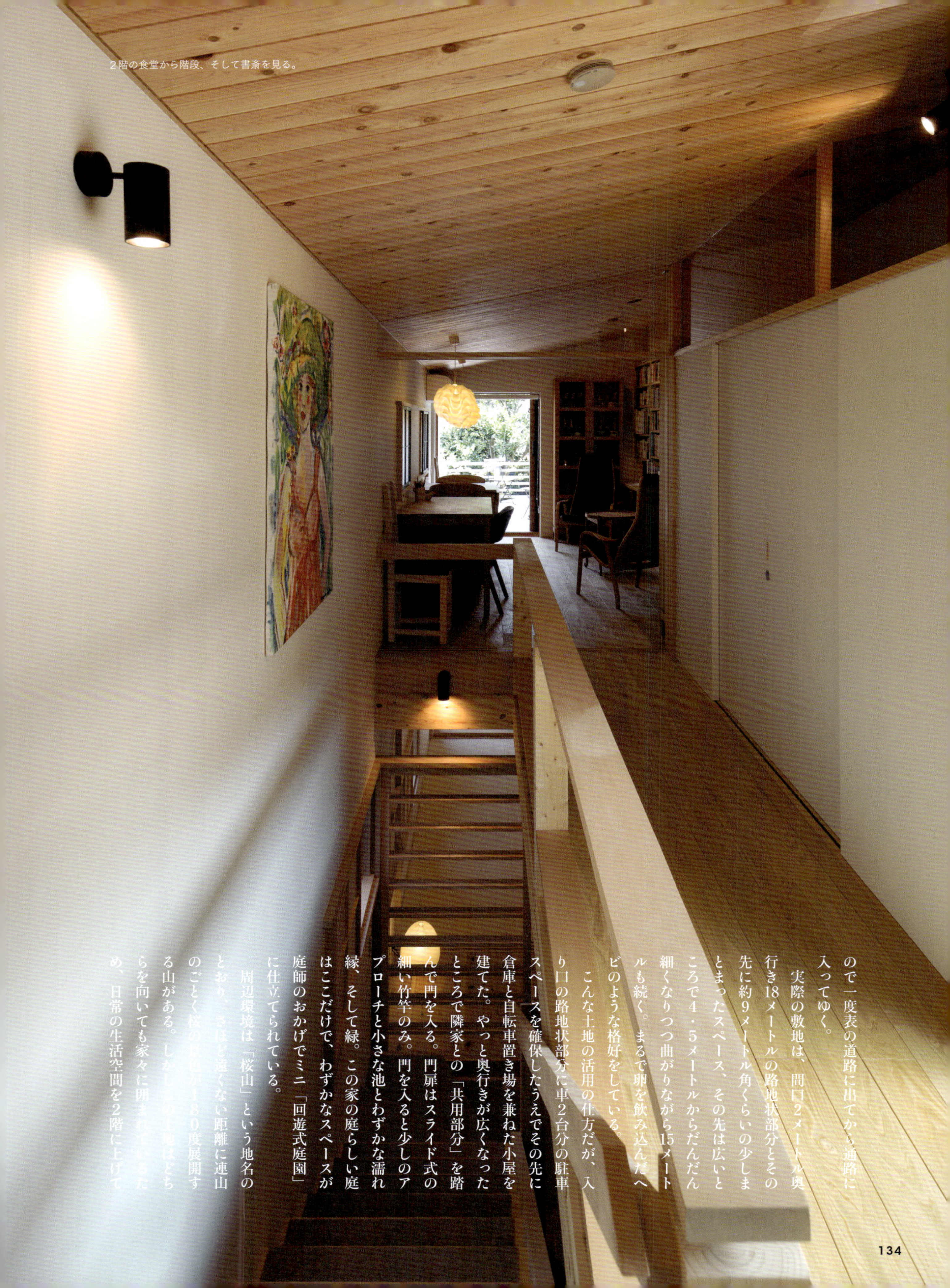

2階の食堂から階段、そして書斎を見る。

ので一度表の道路に出てから通路に入ってゆく。

実際の敷地は、間口2メートル奥行き18メートルの路地状部分とその先に約9メートル角くらいの少しまとまったスペース、その先は広いところで4・5メートルからだんだん細くなりつつ曲がりながら15メートルも続く。まるで卵を飲み込んだヘビのような格好をしている。

こんな土地の活用の仕方だが、入り口の路地状部分に車2台分の駐車スペースを確保したうえでその先に倉庫と自転車置き場を兼ねた小屋を建てた。やっと奥行きが広くなったところで隣家との「共用部分」を踏んで門を入る。門扉はスライド式の細い竹竿のみ。門を入ると少しのアプローチと小さな池とわずかな濡れ縁、そして緑。この家の庭らしい庭はここだけで、わずかなスペースが庭師のおかげでミニ「回遊式庭園」に仕立てられている。

周辺環境は「桜山」という地名のとおり、さほど遠くない距離に連山のごとく桜の景色が180度展開する山がある。しかしこの土地はどちらを向いても家々に囲まれているため、日常の生活空間を2階に上げて

外観。手前の格子の部分が自転車置場になっている。

1階玄関から和室を見る。

建物概要

所在地………神奈川県逗子市
家族構成……夫婦＋大型犬
設計…………DON工房（大野正博）
施工…………本間建設
構造規模……木造在来工法2階建
竣工…………2016年3月
敷地面積……195.27㎡
延床面積……130.29㎡
（1階66.06㎡　2階64.23㎡）

●主な外部仕上げ
屋根　カラーステンレス瓦棒葺
外壁　レッドシダー、サイディング

●主な内部仕上げ
天井　天井：Jパネル現し、さわら縁甲板張り
壁　ビニールクロス
床　杉フローリング、栗フローリング

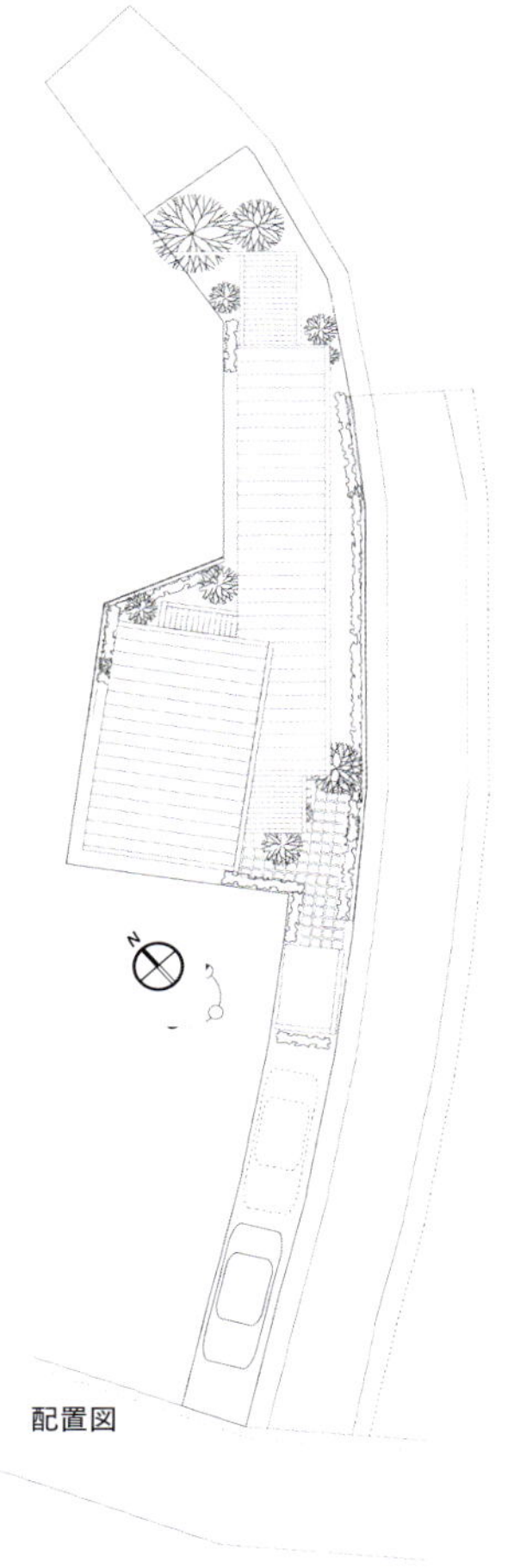

配置図

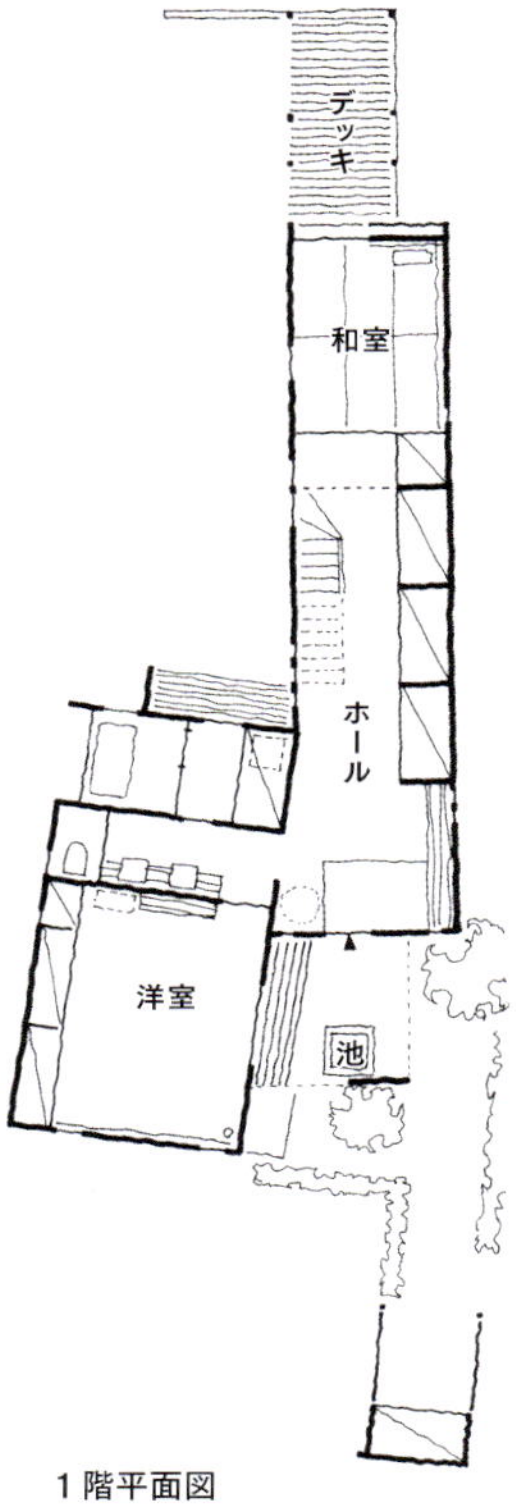

1階平面図

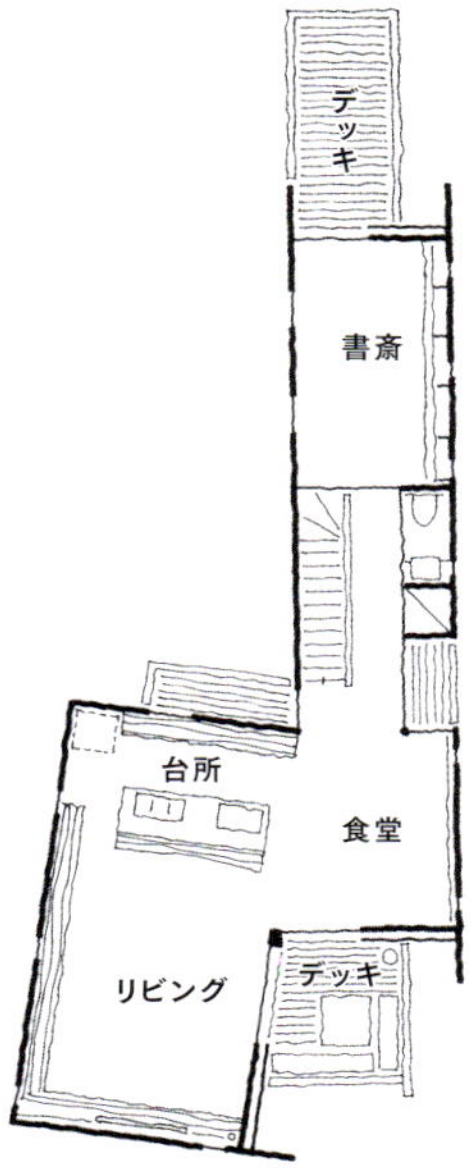

2階平面図

桜山を遠景として眺めることにした。

南側の道路をへだてた家の屋根越しに部分的に桜山が見える。が、景色としてはあまり期待できないのと南面で直射日光が入りすぎるため、こちら側の窓は通気用のみとしている。代わりに東と西にデッキを一つずつと軒のない外壁から引っ込めたバルコニーを設けて景色を取り込むとともに、ファサードの形成に利用している。町並みというほどではないにしろ、奥行き36メートルの「隣の道路」の雰囲気づくりには外観に対して意識的に関与した。

空間づくりは有効スペースが限られていてかつ土地に奥行きがなく、全体として軒を出すことができないので苦労した。その点では郊外のわりには都会の密集地となんらかわりがない。東寄りの細長い部分は耐力壁が入ると空間がますます細長くなるので、意識的にそのことを強調してデザインした。2階の天井は細長さからくる圧迫感を解消する目的で、片流れの屋根の勾配に合わせた斜め天井としている。アイランド型キッチンは建て主が直接メーカーに依頼したものにこちらのアドバイスを加えて造られた。

三鷹の家

コンパクトな総2階建

茶の間からデッキを見る。自転車置場は道路からの視線を遮る役割も果たす。

上／キッチンから土間空間を見る。
下左／土間には半円形に丸めた式台がある。
下右／玄関扉を開け、土間から通りを見る。

茶の間の一部としての玄関土間

表通りから路地を入った住宅街の一角に建つ。土地は広くないため、建蔽率40％容積率80％制限では大きな建物は建てられない。建蔽率ぎりぎりのコンパクトな総2階をいかに狭く感じさせないかがテーマだった。

限られた予算で家族は5人。カーポートと5台分の自転車置き場。家庭菜園用の道具やその洗い場。そしてドアホンと郵便受けとアプローチ。外部の設計要素は多い。

建物は限られたスペースをいかに効率よく使いこなすかを個別の必要面積の割り振りをしてみた結果、1階はパブリックスペース、2階はプライベートスペースとまずは大きく振り分けた。

パブリックスペースを視覚的に拡大するため、玄関は階段を見せつつ接客スペースを兼ねた土間として茶の間の一部に採りこんだ。2階は北側の景色を借景ふうに利用した。通常なら南側のバルコニーに袖壁を設けて周辺からの目線を遮るが、袖壁を格子状にして面積制限に抵触しないようにしている。

自転車置き場の内部。壁面に郵便受けを設けた。

西側からの外観。右手が自転車置場で左手がデッキ。

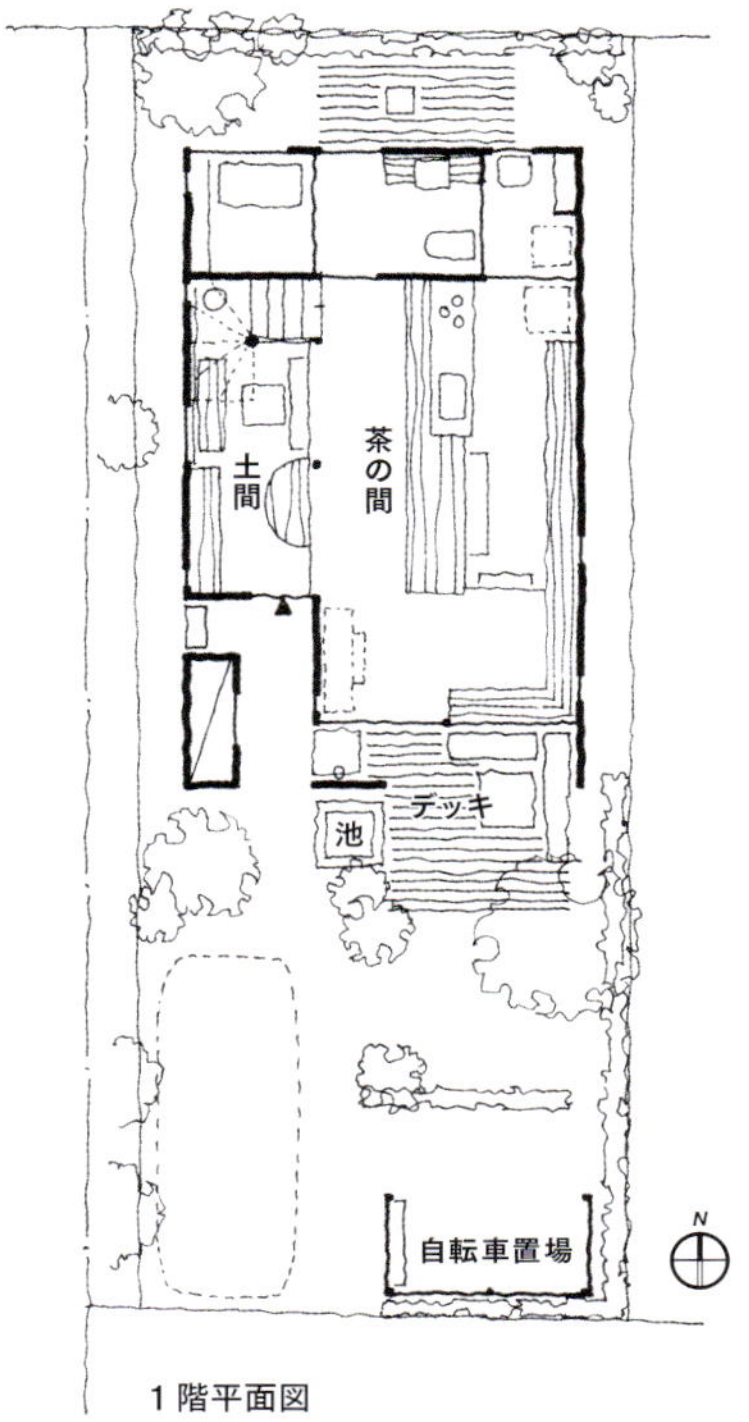

1階平面図

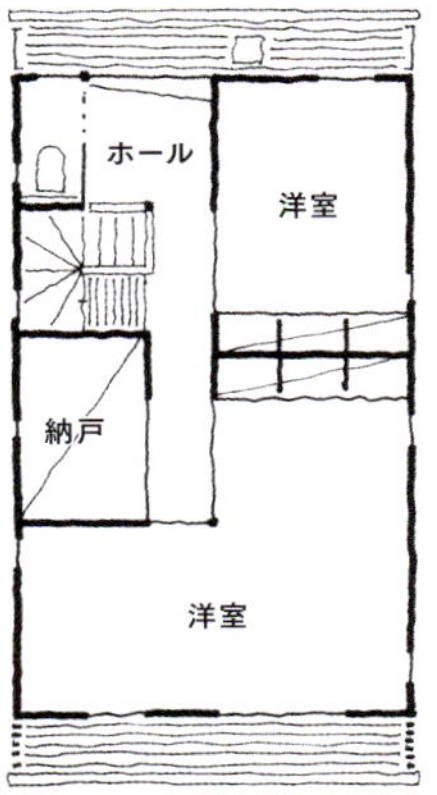

2階平面図

建物概要

所在地………東京都三鷹市
家族構成……夫婦＋子供3人
設計…………DON工房（大野正博）
施工…………本間建設
構造規模……木造在来工法2階建
竣工…………2016年7月
敷地面積……126.99㎡
延床面積……92.26㎡（1階42.58㎡　2階42.58㎡）
●主な外部仕上げ
屋根　ガルバリウム鋼板瓦棒葺き
外壁　レッドシダー、サイディング
●主な内部仕上げ
天井　構造用合板現し、さわら縁甲板張り
壁　ビニールクロス
床　杉フローリング

飯能の家

OMソーラーの家

暖炉が据えられた土間。框に腰かけて炎を眺められる。

中庭に面した濡れ縁。奥にバーベキューの炉のあるテラスが見える。

和室の前の濡れ縁からダイニングキッチンを見る。

上／ダイニングキッチン。キッチンの床レベルを１段下げることで、調理中も家族と会話が弾む。
下／屋根の勾配を生かした天井。

南側外観。屋根にOMソーラーのパネルがのっている。

オーナーインタビュー　終の住処の設計を依頼

私は20代の頃、2年間ほどDON工房の所員として大野さんにお世話になった。いずれは父親が創業した三協建設を継ぐ予定だったが、ご縁があってその前に設計の勉強をさせてもらったのだ。

大野さんとは家族ぐるみの付き合いをさせてもらった。奥さん同士もよく知っているし、大野さんの父上と飲むこともしばしばだった。忘れられないのは、私の地元の仲間も巻き込んで、皆でつくった「栗の木小屋」（28ページ参照）。大野さんが設計し、みんなで力を合わせて、延べ7日間で建てた。私は資材の提供を担った。その小屋で、毎週日曜日に集まって、酒を飲んだり遊んだりした。

その後私は家業を継いだが、2001年に建てたモデルハウス「キゴコチのいい家」の設計を大野さんに依頼したことが、わが社の転機となった。地元産の西川材を使って大野さんのデザインでモデルハウスを建てたことで、三協建設が目指すものを社員全員が認識できた。こういう家をつくることがわが社の役割だとわかって、社会とつながる家づくりができるようになった。

大野さんとの出会いがなかったら、今の私も、今の会社もなかっただろう。だから、私にとっては最後に住む家の設計を、ぜひ大野さんにお願いしたいと考えた。水平線を強調する大野さんの家は、余計なものを置かず変にいじらないのが一番。いつ大野さんがいらしても見ていただけるように、私たち夫婦で住みこなしていきたいと考えている。

（村里泰由／三協建設株式会社会長、飯能の家建主
2016年10月12日にインタビュー）

三協建設の村里泰由会長。

OMソーラーハウス

はじめに屋根ありきという設計だった。OMソーラーシステムフルスペック仕様のソーラーパネルの枚数から屋根面積が決まり、屋根勾配も採光効率から範囲を限定された。

不整形の土地に大屋根を南面させて建物を配置すると、これもまた不整形な空地が生ずる。大屋根の下に納めきれない部屋や屋根のあるテラスを空地に対して下屋風にはみ出させ、日照や雨掛かりを調整しながら中庭を発生させた。大屋根とそこからはみ出た部分の屋根に秩序だった連続感をもたせようと試行錯誤を繰り返し、屋根勾配と階高を調整しながら全体のバランスをまとめた。

求心力のある中庭を活かすべく、屋根のあるテラスや部屋から直接出られるデッキ・濡れ縁の内外の中間地帯、そして庭へとつながる外部空間と内部空間との連携を全体的なテーマとした。

ポーチから扉を開けて入るとまずは土間空間。左手の縄のれんをくぐったところに内玄関がある。土間からはテラスを視界に入れつつその一角に3面ガラスの暖炉を設けた。土間に置かれた台に腰掛けたり、居間の框に腰掛けたりしながら暖炉を取り囲むようにして楽しむ造りだ。

土間と一体化された居間と茶の間はワンルーム扱いでデザインしているが、状況に応じて壁の向こうの建具を引き出して視界を遮断し、別の空間として使い分けができるようにしてある。

土間からは吹き抜けを介して2階の居室まで視線が届くように断面計画をした。大量のソーラーパネルから生じた大きな吹き抜け空間はゆったりとして気持ちいい。これもOMのおかげか。

曲線状の道路境界には自然石を並べて曲がりになじませるとともに、ゆったりとした周辺の環境に違和感を与えないように配慮した。道路からの視線は植栽の工夫で処理し、固苦しくなりがちな塀を排除した。全体的な植栽は常緑樹と落葉樹とを、樹種や大きさを含めて造園家と相談しながら使い分けている。道路が寄ってきて狭くなった部分にはテラスのベンチの背を壁にして道路と隔離し、独立感のある外部空間を演出した。バーベキューの炉もしつらえ、雨の日でも楽しめるようにしてある。

2階のレベルに上がると空や遠景を楽しめる方向があったので、下屋に小さな展望台を載せた。遠景を楽しめる唯一の場である。

建物概要

所在地……… 埼玉県飯能市
家族構成…… 夫婦
設計………… DON工房（大野正博）
施工………… 三協建設
構造規模 …… 木造在来工法2階建
竣工………… 2016年10月
敷地面積…… 358.45㎡
延床面積…… 165.61㎡（1階122.55㎡　2階43.06㎡）

●主な外部仕上げ
屋根　ガルバリウム鋼板一文字葺
外壁　レッドシダー、杉板（西川材）、ジョリパット、波板鋼板

●主な内部仕上げ
天井　ナラ柾合板、和紙、桧羽目板張り、Jパネル
壁　しっくい、和紙、桧羽目板張り
床　杉板張り（西川材）

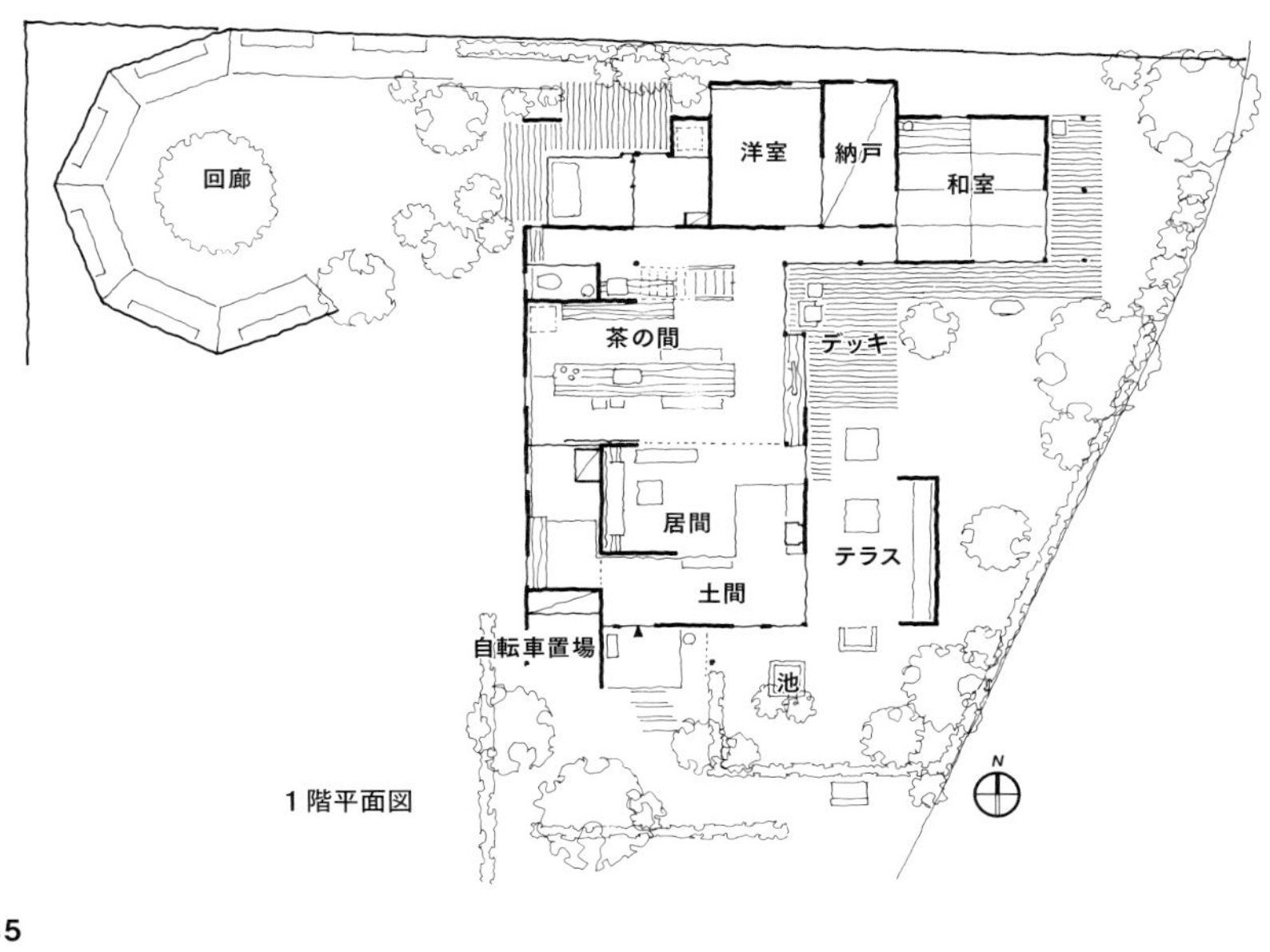

1階平面図

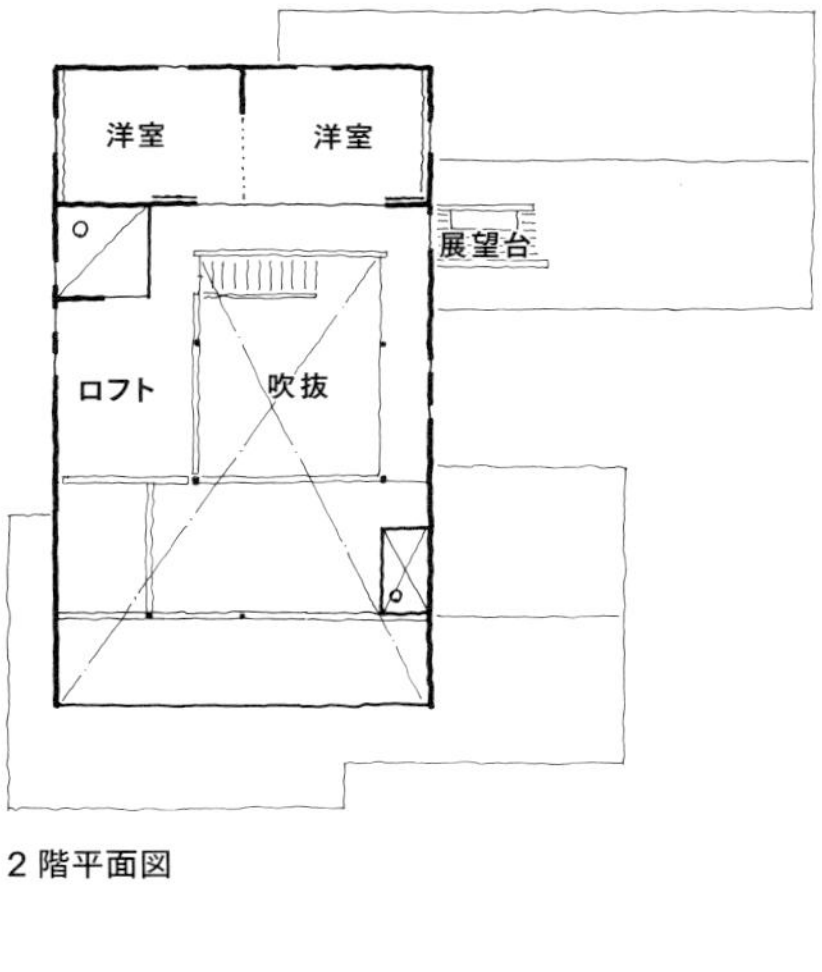

2階平面図

草加の家 I

テーマはローコスト

居間兼食堂の吹き抜け。

2階納戸より吹き抜け上部を見る。

東側外観。

DON工房のコンセプトが固まる

非常に安くできた家である。

もともと予算が少なく、ローコストをテーマとした設計がなされたが、コストダウンを図れる条件も整ってはいた。立地条件として、前面道路の向こう側に鉄道が走っており、それと並行した隣地の奥には中学校の校庭がある。騒音源に挟まれたような敷地状況である。環境への対策と、同時にコストダウンを目的として、妻側には開口部を設けないかたちをとり、妻側壁面と大屋根とをスレート仕様とすることによって、ローコスト建築としての基本形態ができ上がった。

　軸組に関してもタイムリーな状況にあった。たまたま工務店がかかえていた、刻みまでは終えたが日の目をみないでいた一軒分の材木を、一部補修しながらも刻み直して転用できた。

　設計手法としては仕上げの省略、材料の選択、造作部分の省力化、設備工事の軽減等、一般的作業の試行錯誤のみである。具体的には工務店と相談しつつ、使用材料の歩止まり

建物概要
所在地………埼玉県草加市氷川町
家族構成……親子2人
設計…………DON工房（大野正博）
施工…………高木建設（棟梁：高橋金柱）
竣工…………1982年7月
構造規模……木造2階建
敷地面積……131.00㎡
建築面積……53.20㎡
延床面積……82.60㎡（1階/48.65㎡　2階/33.95㎡）
●主な外部仕上げ
屋根　大波スレート
壁　　ワイドスレート、モルタル下地用合板アクリルリシン吹き付け
建具　アルミサッシュ
●主な内部仕上げ
天井　1階／杉緑甲板張り合板素地　2階／ハードボード油脂タイプ
壁　　1階、2階／プラスターボード素地
床　　1階／松梁古材、化粧合板　2階／化粧合板

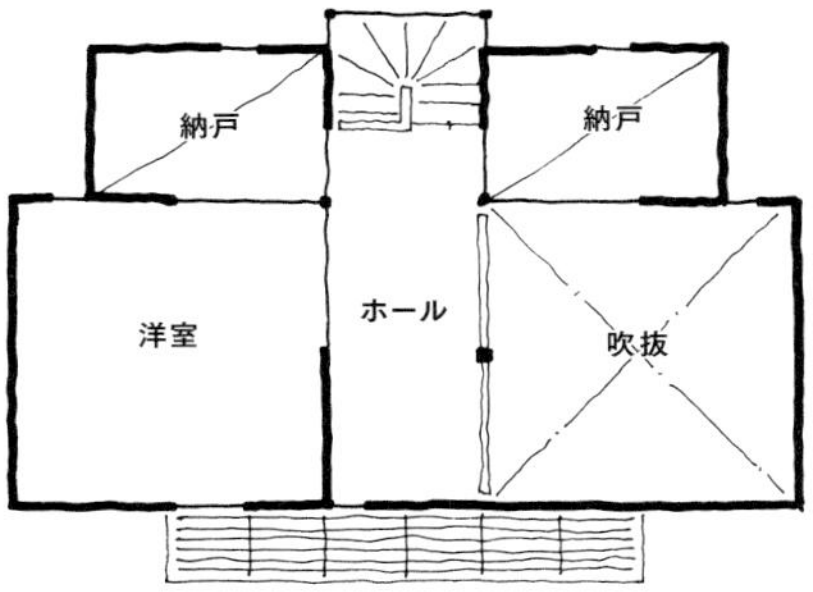

2階平面図

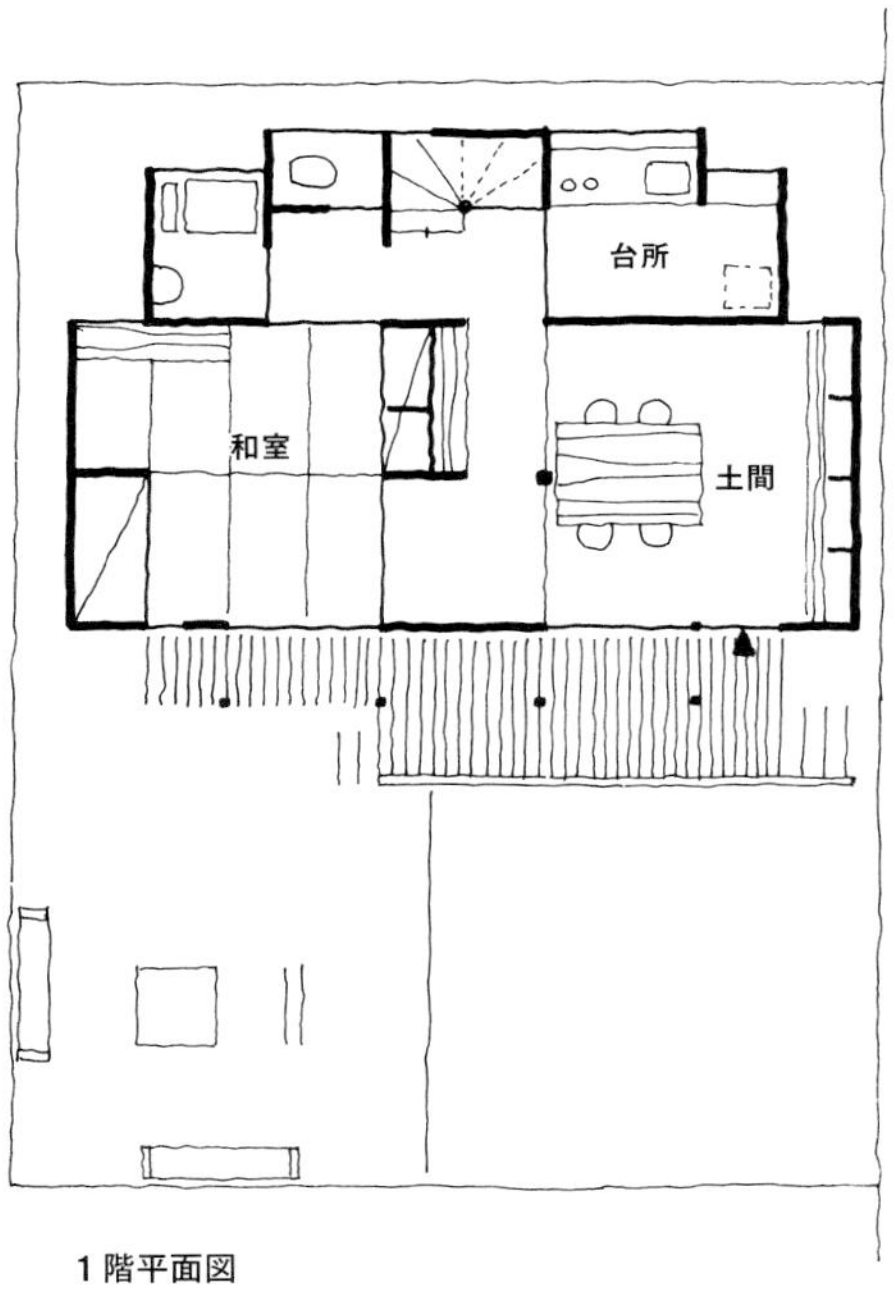

1階平面図

和室の飾り棚。

南デッキ側外観。

の向上、造作材である鴨居の省略、タイル工事の削除、電気設備におけるプルスイッチの多用等があるが、この建物にはまだまだコストダウンを図れる部分が残っていることからして、究極的な意味でのローコスト建築に成り得ていない。

建築、特に住宅建築においてローコストを指向することは、建築家にとって本来的な命題である。しかしながら、設計図の段階だけではなかなか現実のものとは成り難い面があることも事実である。

コストダウンを図るには施主の理解ももちろん必要だが、施工業者のそれに対する向上心と協力が不可欠の要素である。機会をみて、またチャレンジしてみたい。

『住宅建築』1983年8月号より抜粋

入間の家 III

オリジナリティーを追求した小住宅

2階の居間から吹き抜けを見る。

建物概要
所在地……………………埼玉県入間市宮寺
家族構成………………夫婦
設計………………………DON工房（大野正博・大野拓郎）
タペストリー制作……飯田りょう子
施工………………………近藤建設
竣工………………………1977年4月
構造規模………………木造2階建（一部高床）
敷地面積………………1,230.04㎡
建築面積………………42.15㎡
延床面積………………56.19㎡（1階／19.83㎡　2階／36.36㎡）
●主な外部仕上げ
屋根　カラーベストコロニアル葺
壁　しっくい壁（一部銅板張）
建具　木製
●主な内部仕上げ
天井　土間、書斎、寝室、居間／白ラワン合板オイル拭き
壁　土間、書斎、寝室、居間／白ラワン合板オイル拭き
床　土間／玄昌石タイル　書斎、寝室／桧縁甲板張　居間／タタミ

南西側外観。ピロティのようなカーポートの奥に玄関がある。

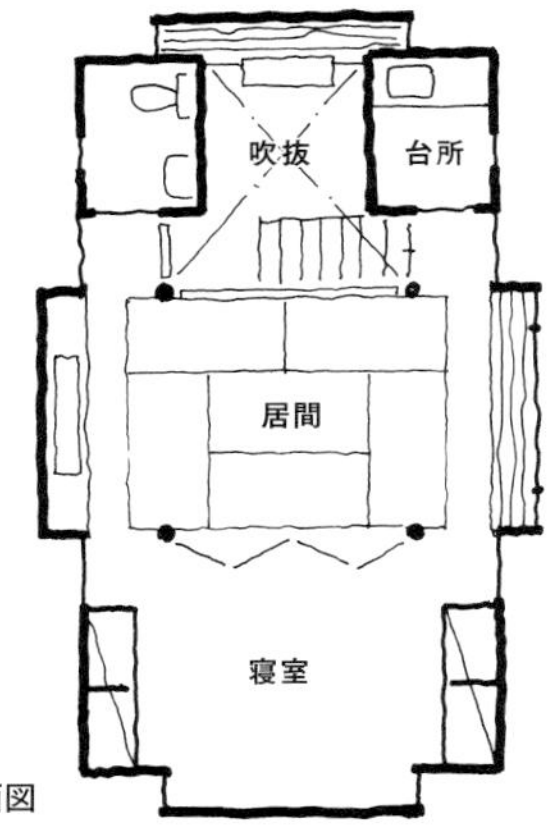

2階平面図

1階平面図
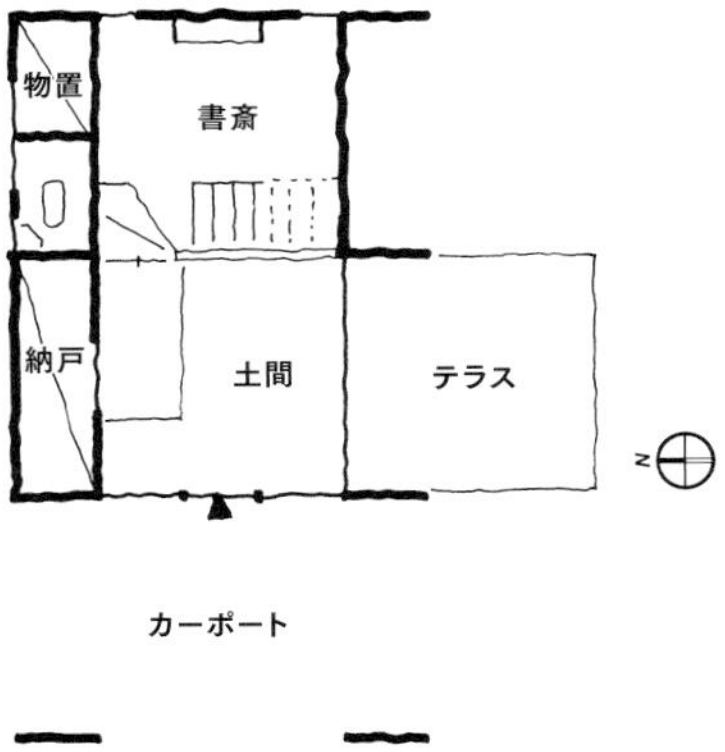

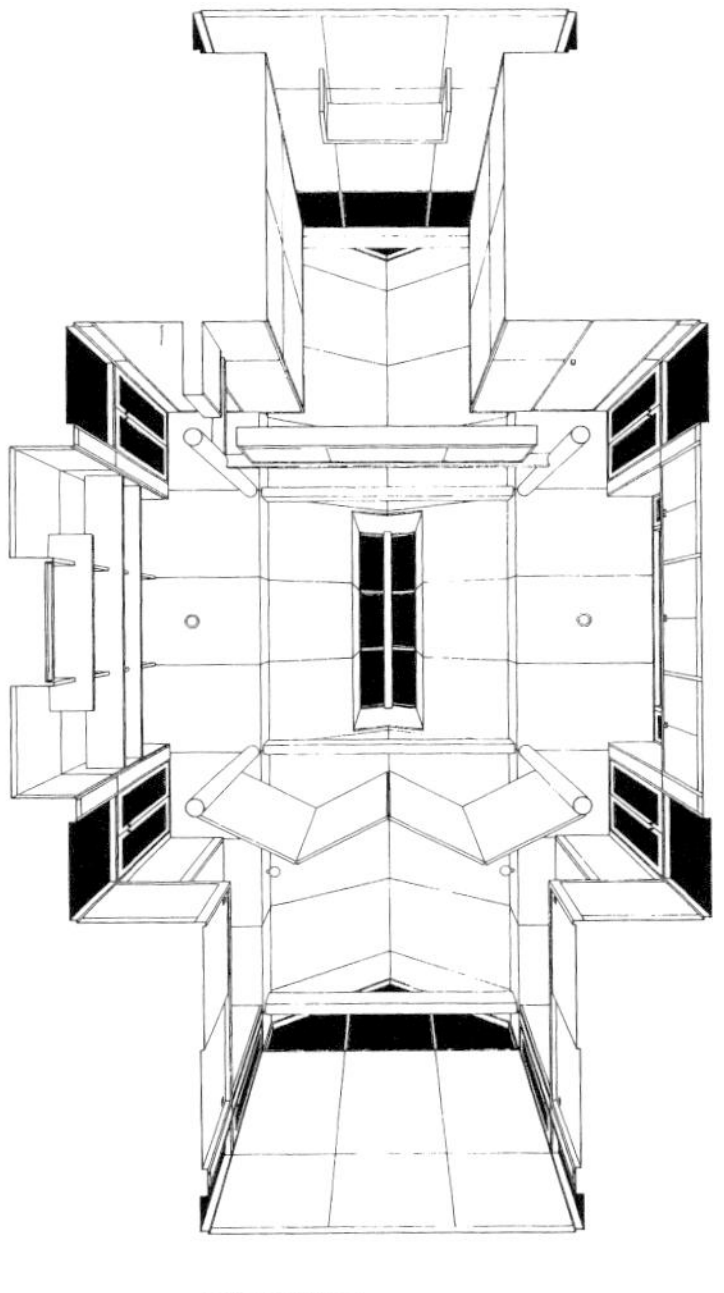
2階仰瞰図

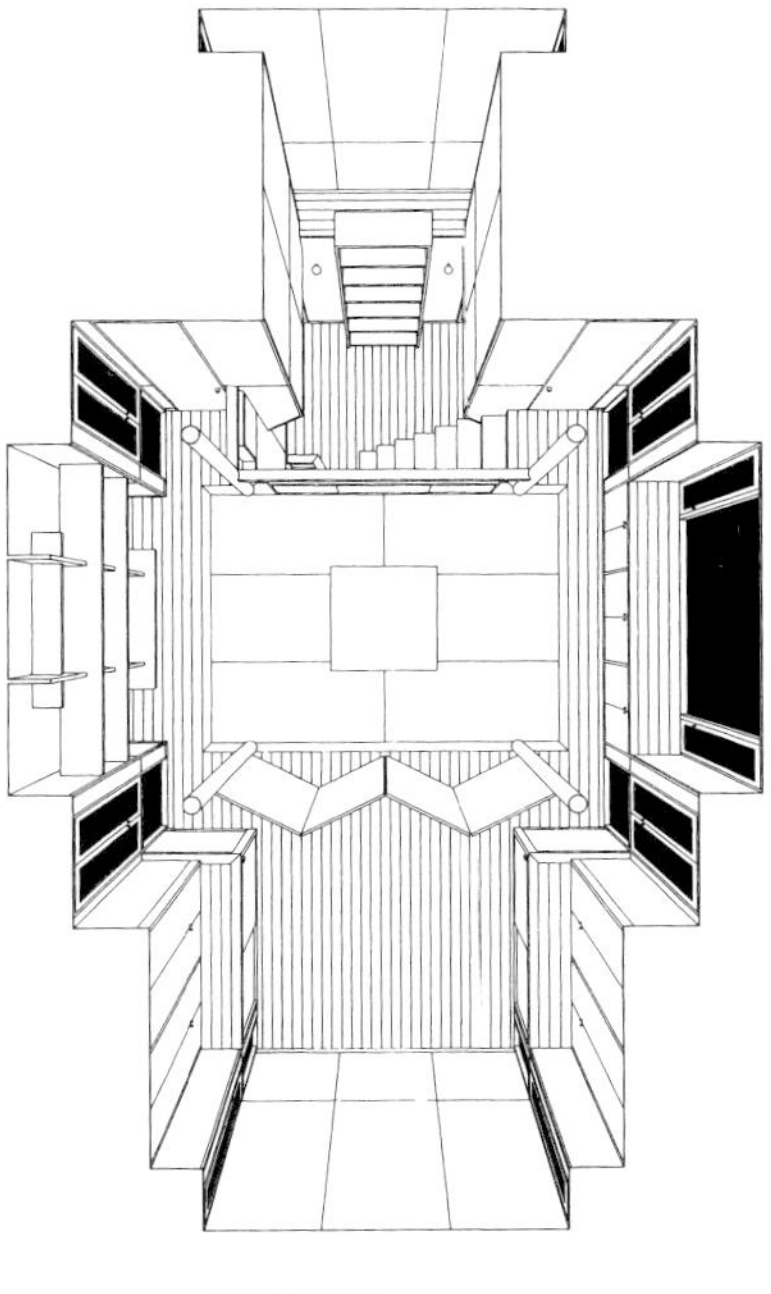
2階俯瞰図

変化・変容する空間

この家では、ワンルームあるいはオープンな空間をハコ的なものから、ハコ的でないものへ一歩進めることを目的として、立体における加除的方法が取り入れられ試されている。

ある限定空間に、例えば床の間や出窓などが外に向かって突出すると、その空間が膨張・変質するという事実がある。逆に、内に突出すれば、空間の収縮・変質が考えられる。

日本での例を挙げれば、床の間、書院、出窓など、機能が先立つものが多いが、特に近年の床の間などは空間の質的高揚を目的として取り入れられている。いわゆる軒下空間的なものも空間を徐々に膨張させるという意味で、その延長線上に位置するものであろう。

伸縮自在の殻の一部に外圧が加われればその部分は内に突出し、内圧が加われば外に突出する。それぞれによってそのつど形態が変化し、空間が変容する状態は、胎内空間的ではある。

『住宅建築』1982年5月号より抜粋

吉見写真工房

写真家のアトリエ兼住宅

仕事場としての機能を確保

写真家・岡本茂男さんのアトリエ兼住まいの建て替えにあたり、設計を依頼された。

設計にあたっては、暗室の使い方と水槽の形状・寸法、新規にアメリカから購入する引伸し機の大きさと使い方、でき上がった写真の保存方法などについて、岡本さんから条件が示された。ほかに2台の車、撮影機材の内容、そしてご家族の居場所の確保、さらにコストと期間などが設計要素として挙げられた。

話を伺いながら敷地図を睨んでいると、設計要素が明確なこともあって頭の中で基本的な間取りから屋根の掛け方まで、建物がほぼ完璧にまとまった。その基本構想を事務所に戻って煮詰めた後、素直にそのまま立ち上げることになったのである。

『住宅建築』1990年8月号より抜粋

1階の玄関を入ると、すぐに階段になっている。

2階のアトリエから階段室を見下ろす。

南側外観。

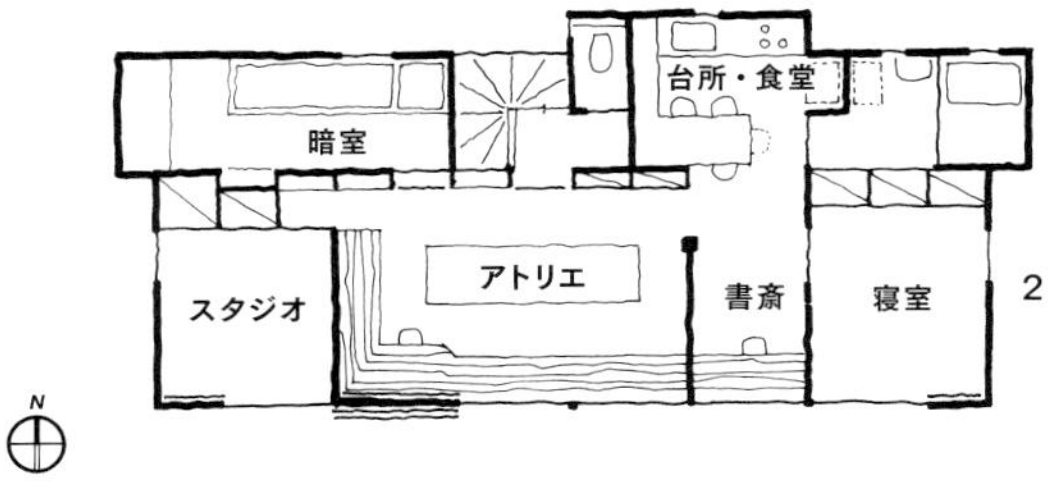

2階平面図

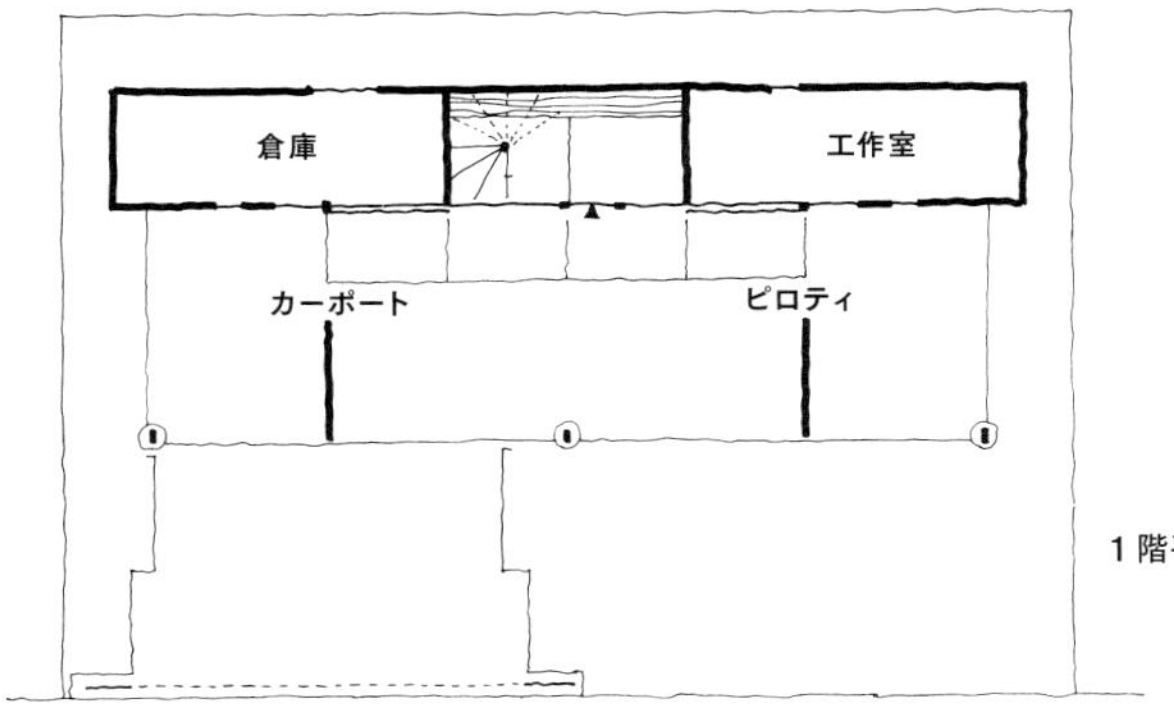

1階平面図

建物概要

所在地………埼玉県比企郡吉見町
家族構成……夫婦
設計…………DON工房
（大野正博・青柳和彦）
施工…………かさまハウス
竣工…………1989年12月
構造規模……木造2階建
敷地面積……165.4㎡
建築面積……83.58㎡
延床面積……98.21㎡
（1階/24.83㎡
2階/73.38㎡）

● 主な外部仕上げ
屋根　カラー鉄板厚0.4㎜黒ツヤ消し横葺き
壁　モルタルリシン吹き付け、
一部杉板目板張り
建具　アルミサッシュ、合板雨戸、杉板戸、
メラミン合板フラッシュ戸
● 主な内部仕上げ
天井　米松合板ワトコオイル拭取り（共通）
壁　ビニールクロス貼り（共通）
床　桧縁甲板張りワックス（共通）
● 設備
暖冷房　ヒートポンプ式冷暖房機

専念寺の墓石

お坊さんの墓をデザイン

新宿区の早稲田大学近くに専念寺という寺がある。２００１（平成13）年に、この寺の先代の住職の奥さんから依頼を受けて、お墓をつくった。亡くなった住職の遺言として、球形にして宇宙を表すことと、そこに梵字を一文字刻んでほしいということが伝えられた。その遺言を守ってくれれば、あとは好きにデザインしてよいとのことだった。

そこで、石の勉強をして、墓石でもあり、記念碑でもあり、モニュメントでもあるような墓をデザインした。石は黒い部分をブラジル産、白い球の部分は韓国産の石を選んだ。また、通常の墓は花立てや水鉢、塔婆立て、墓誌などの構成が決まっており石でつくることが多いが、ステンレスの黒い板を使うなどして、モダンな雰囲気に仕上げた。

梵字を一文字は、千手観世音菩薩を意味するものだ。これは石を据えてから、墓石屋さんが自動の機械で彫った。

自分としてはかなり気に入っているが、できあがる１週間前に、依頼者である奥さんが亡くなった。見ていただきたかったが、病気だったとのことなので、わかっていてご主人の墓を依頼したのかもしれない。今はお２人で入られている。

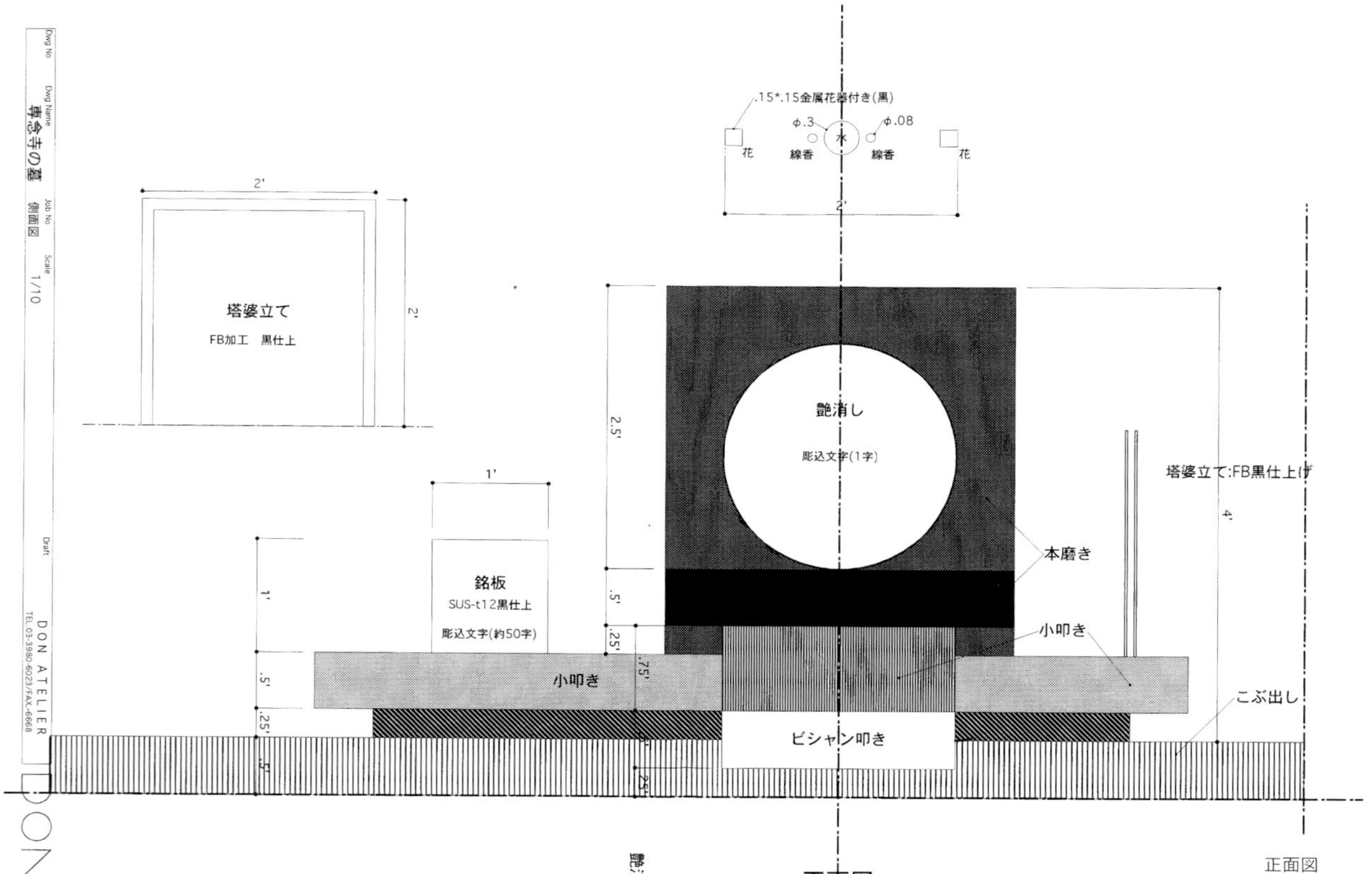

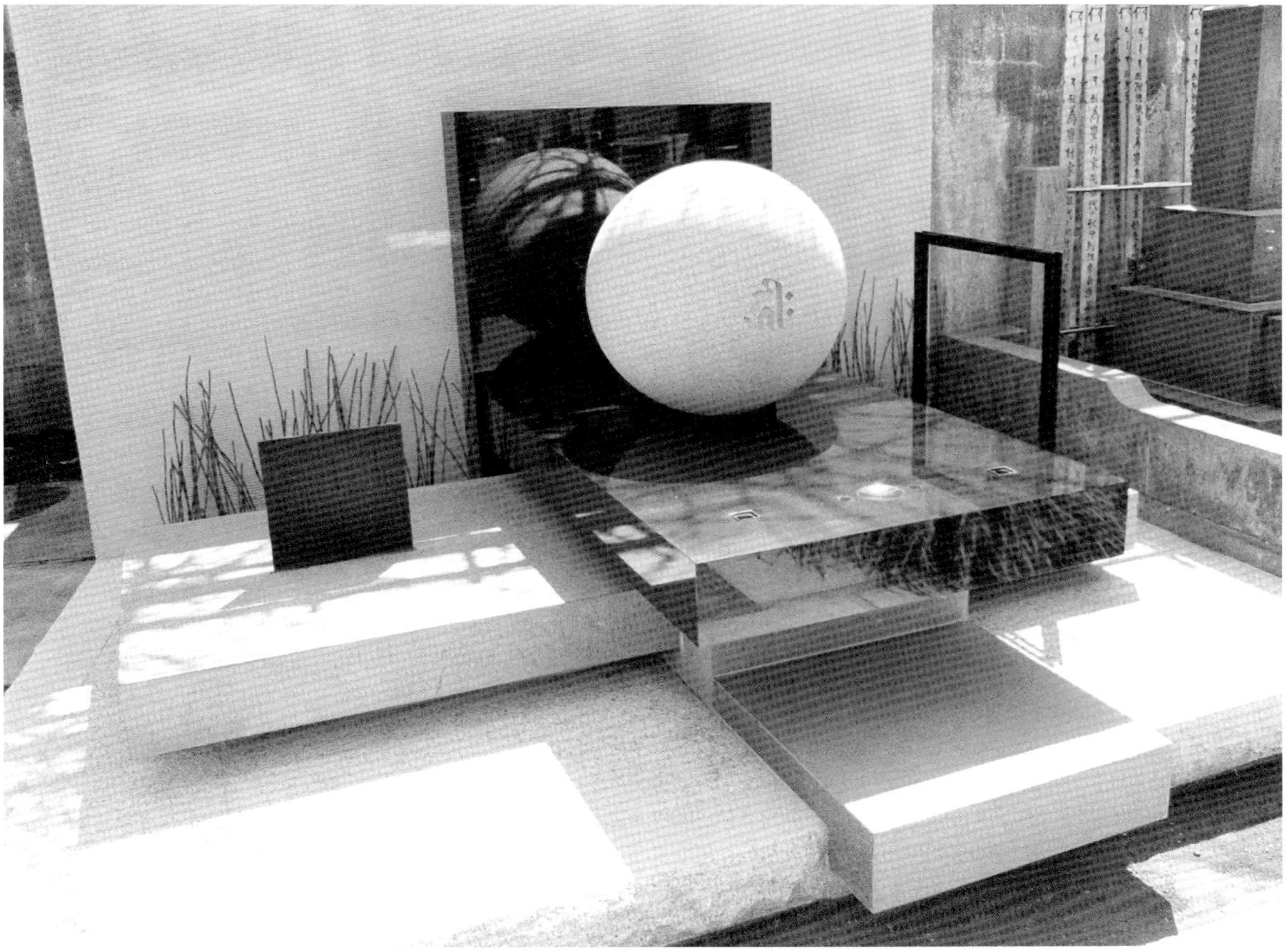

完成した墓。球体が浮いているように見える。

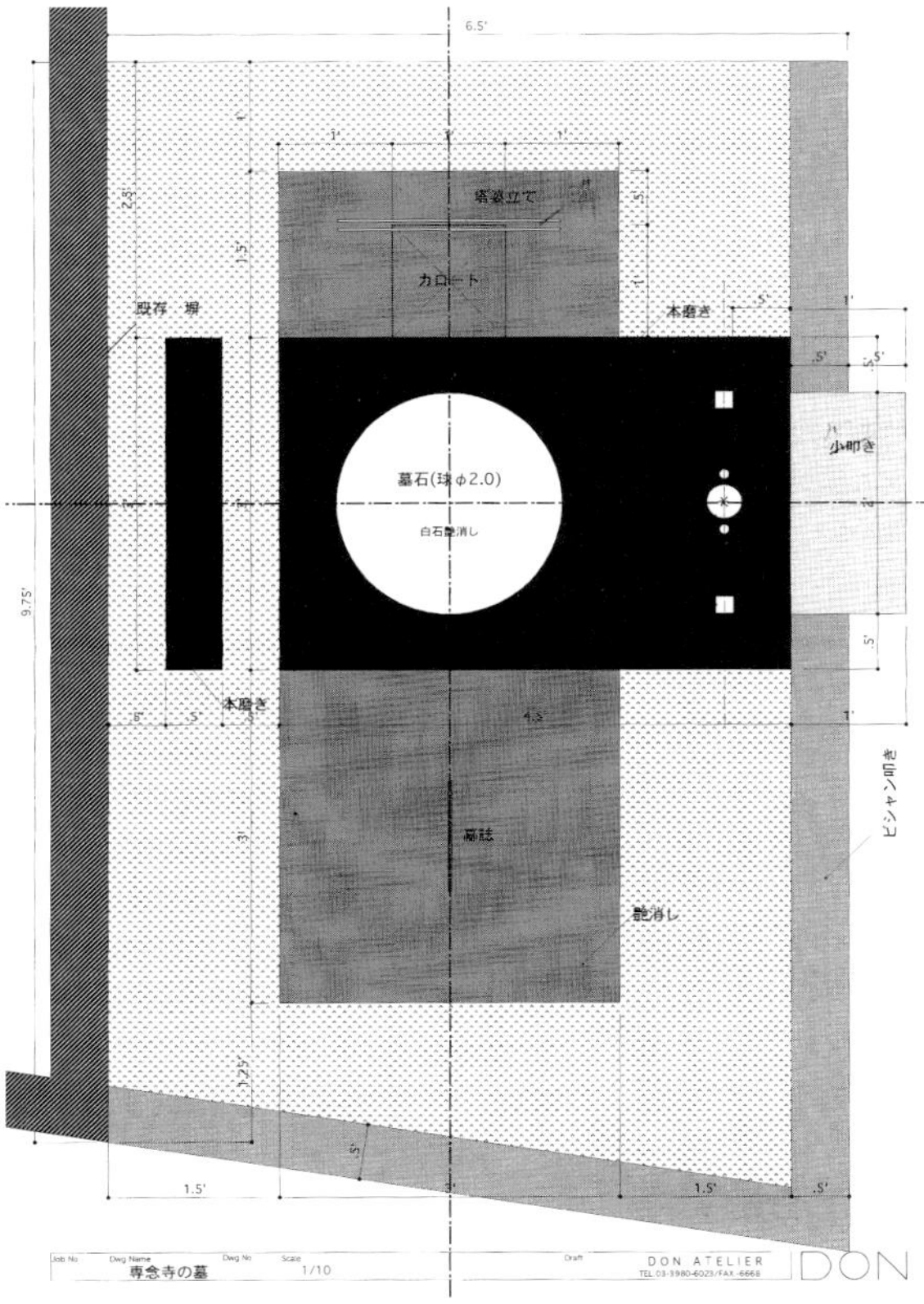

平面図

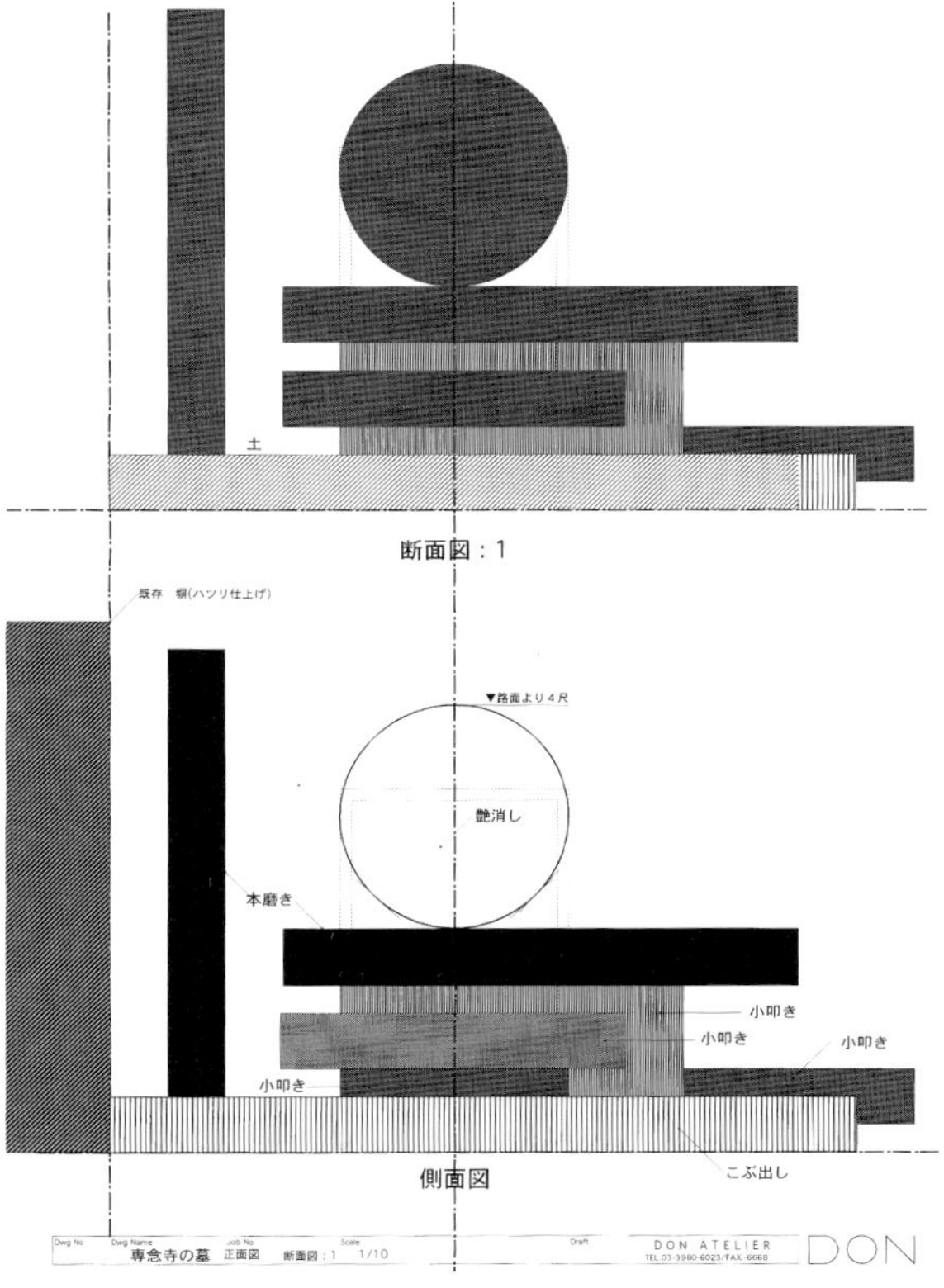

側面図

機能主義を超えて、その先の野生へ――

対談

平良敬一（建築ジャーナリスト）×大野正博

平良　ぼくが大野さんの住宅を初めて見たのは、「人間の家Ⅱ」。『住宅建築』誌でのことで、今からもう40年前のことです。大野さんは28歳。今の20代や30代の若者は、こういう木造は設計できないでしょう。

大野　ぼくにとっては、高須賀晋さんの影響を断ち切ろうとした住宅です。材の先端を斜めにするとかいわゆる細かなデザインは一切やらず、直角だけで構成し、あえて高須賀的なデザインに正面から取り組むと同時に、卒業しようと企みました。高須賀さんの空間って怖いんです。真似しようとしたら誰でもできる。ただやはり建築家としてはそのまま真似たくないから、少し変えようとする。すると途端に、その高須賀的空間は崩れるんですね。オールオアナッシングで、怖いんです。

平良　そうだね、高須賀は崩れない。大野さんの建築の出発点は、やはり高須賀さん？

大野　そういうわけではないんです。建築に対する姿勢は、村野藤吾の弟子だった圓堂政嘉さんに学びました。たとえば倉庫を設計しても絶対に手は抜かなかった。

平良　なるほど。ぼくが大野さんの住宅でいちばん印象に残っているのは、「両国の家」。これは大好きだ。住宅を裏返すようにして、空をのぞむ。景色ができたんだね。

大野　景色がない密集地でも、最後には空がある。そこでは雲が動いたり鳥が飛んだり飛行機が見えたり。いちばん喜んだのは子どもですね。学校から帰ってくると階段をあがって屋上にいき、双眼鏡で飛行機を見るとの話でした。ぼくは子どもが喜ぶ家は、いい家だと思ってるんですよ。

平良　それは大野さんが非常に感覚的な設計をするからかもしれない。

大野　おっしゃる通りです。動線計画を立てる時は、人が動くルートを獣道のように見ている。自分がこの家に入ったらどう歩きたいかどちらが気持ちよいか、そんなことを考えながら家ができあがる。それをあらためて感じたのは「松山の家」。お子さんの保育園仲間が10人以上集まったけど、段差やら階段やらテラスやら、延々とぐるぐるまわって楽しんでいる。こういう空間のつくり方は、子どもが楽しむだろうなあと思いながら設計していたので、嬉しかったですね。人間が動物である以上、気持ちのよい空間って共通解がある。公園のベンチや電車で

平良敬一プロフィール
たいら・けいいち／1926年沖縄県生まれ。編集者・建築ジャーナリスト。東京帝国大学第一工学部建築学科卒業後、新日本建築家集団(NAU)事務局に参加。『国際建築』『新建築』を経て、『建築知識』『建築』『SD』『都市住宅』の創刊にかかわる。1974年に建築思潮研究所を設立し『住宅建築』『造景』を創刊、初代編集長を務めた。日本建築学会業績賞受賞(1997年)。

も隅っこに座りたがるとか、こもれる小さな場所だとか。

平良　大野さんの住宅は、「両国の家」をはじめコートハウスが多いけれども、それは決して外に対して囲って閉じる感覚ではないね。囲う事で中を開く、空に飛びだす。さらに言えば、コートハウスの中心にある中庭よりも縁側がいい。大野さんのはバルコニーやテラスのような内外の縁がはっきり切れている西洋式の外部空間じゃない。広縁・濡れ縁、日本ならではの中間的領域だ。

大野　そうですね。かつての軒下空間、内から外へ曖昧につながっていく。その曖昧さは、「獣道」の感覚にも通じるのかもしれません。曖昧にしておいたほうが、人は使いやすいから。その一方でコストダウンのための合理化も図っているのですが。

平良　ただモダニズムが内包する合理主義・機能主義ではないね、それは。

大野　感覚的にも、目障りなものがないほうがいいという考えです。

平良　シンプルで余計なものがないから、かたちが強く見えるけれども、あなたは決してかたちから入っていないでしょう。そこがいいね。

大野　そういう風に見て頂けるのなら、ぼくの建築を本当にわかってくださっているんだと実感します。かたち《フォルム》は後からついてくる、あくまで土地にあわせて建物をつくろうとしているだけなんです。最近の若い建築家は、フォルムから入っているんでしょうが。

平良　そう、大野正博の住宅はかたちじゃない。空間なんだ。これしかない。それは決してモダニズム的な機能主義から生まれたものではないんだ。高須賀さんをモダニズムの巨匠・ミース・ファン・デル・ローエの空間を木造でやった、という人もいるけれども、僕は高須賀さんにはそんな意識はなかったと思う。彼が手がかりにしたのは伝統的な日本の住宅のプランニングだった。機能主義には限界があるんだよ。機能を口実に、住み易さとは反対の方向に走り出す。

　大野さんの住宅には、その機能主義を超えたものがある。機能主義建築の対義語として有機的建築があるけれども、大野さんの住宅はそれでもない。言うならば、野生《ウィルダネス》だろうか。獣道、子どもが喜ぶ空間――そうしたことに対する鋭敏さは、あなたが1匹の動物として感じ取っているものなのかもしれない。その野生こそが、大野正博の建築の最大の特質なんだろう。

インタビュー　現場監督の立場から

本間建設　菊池武史

本間建設の菊池武史さん（左）と大野さん。

　大野さんとの最初の仕事は、１９９３（平成５）年竣工の「馬込の家」（54ページ参照）。当時37歳だった私は、大野さんから原寸図をどっさり渡されてビックリ。初めてもらう原寸図に戸惑いながらも、当時は大工が現場で手加工していたために時間的に少し余裕があり、現場で反映することができました。今だったら、加工図をつくってから加工屋さんにお願いしているので、とても間に合わないと思います。そう考えると、仕事も覚えられたし、良い時代だったと思いますね。

　大野さんの現場の中でひときわ印象に残っているのが、１９９８（平成10）年の「両国の家」（82ページ参照）。この家は改修だったが、屋根を抜くという大掛かりなもので、非常に時間がかかりました。3階建ての1階で精密機械を扱っていたため、水が漏れるとまずいというので、屋根を抜く前に階下に防水工事を施しました。屋根を抜いてからがようやく着工となるわけですが、そこまでにかなり時間がかかりました。

　この「両国の家」は、改修ということもあり、大野さんの設計も現場を見ながらという感じでした。私が大工に説明する時は、現場の床や壁に原寸で描くことが多いんですが、この時は壁や床が原寸図だらけになった上に、2階の床に描いた説明を皆が踏んで消えてしまってもう1回描いたといったこともありました。

　「馬込の家」以来、20年ちょっとの間に、本間建設では、大野さんの設計した家を40軒以上施工しています。その間に、標準の納まりができあがり、今では原寸図を渡されることも、ほぼなくなりました。

　そうしたことから、今では、大野さんの現場は、図面をもらえばだいたいの納まりは頭の中でできるようになりました。けれども、1軒で何カ所か、どうしても難しい所があるんです。私が難しいと言うまで、大野さんも気づかないこともあります。そういうところは、現場でやりながら納めていくことになるわけです。そういう現場で納まらない所については、大野さんは打てば響くというか、電話1本かければその場で決められる。そして、大工さんや職人さんたちが、現場の納め方がわかっているから、すごくやりやすいって言っています。そういう建築家の方はなかなかいないですね。

（２０１６年９月30日にインタビュー）

特別寄稿　大野のこと

大野めぐみ

　建築以外のことは何度言っても頭に染み込まず通り過ぎていくだけだね、とは家族の共通の見解だ。身につける物には頓着ないのに、若い頃から黒のタートルネックが作業着と思い込んでいたふしがあり、派手な物は一切身につけず模様は問題外。たまにブランド物を買っても、ロゴマークのワニとかクマはマジックで塗りつぶしたり、自分で切り取ろうとして新品に穴を開ける始末。思い込みは激しい。10年に一度くらい「赤を着てみようかな」などと言う。私がぎょっとした顔をするせいか言ってみるだけでお終い。現状打破の色というと赤を考えるらしい。

　これも5年に一度くらい「また設計がうまくなった」とつぶやくことがある。新しい仕事が決まると即座にデッサンを始め、基本的なアイディアが決まるまでは何日も夜中に起き出し、食事が前にあっても目に入らず、デッサンの手もマウスの動きも止まらない。文字どおり三度の飯より建築が好きで、食卓だろうが何処であろうが、もちろん夢の中までも設計図は動いているようだ。住宅は日常のすべてがあり、家族の和を創り人格に影響を与え、思い出の核になる大切な場所。その家を造るという天職に巡り会った幸せな人なのかもしれない。

　設計には自信を持っていても、建て主や工事関係者との良い関係を築きつつ自分の仕事を貫いていくには、素人目にもかなりのエネルギーを使う仕事だとわかる。住宅建築に関する思いは深く、住む人の性格や年代、家族構成、家族の団らん、親子の関わり、趣味、景色、等々、そこまで考えているのと思う位、あらゆる事を想定して形にしていく。その作業はきっと楽しくて、しんどいものであろうことは酒量や顔に出るのですぐにわかる。

　人付き合いに不器用な性格との自覚があるらしいが、学生時代から設計事務所を開き今まで続けて来られたのは仕事に打ち込む熱意と、たくさんの魅力ある方々との刺激的な出会いに恵まれたからだと思う。そのほとんどがお酒抜きには語れない。一級建築士の資格を取る事が私の親の結婚条件だった新婚の頃、中野の6畳・4畳半とバスオールというカセット風呂が台所の片隅にあるアパートに住んでいた。今も7軒目のマンション住まいをしている。今までの飲み代で我が家が建ったことは間違いない。

　最後になりましたが、この度大野の仕事の集大成をまとめて下さった、風土社の皆様、編集者の皆様、ご協力頂きました方々に心より感謝申し上げます。

【システム図】

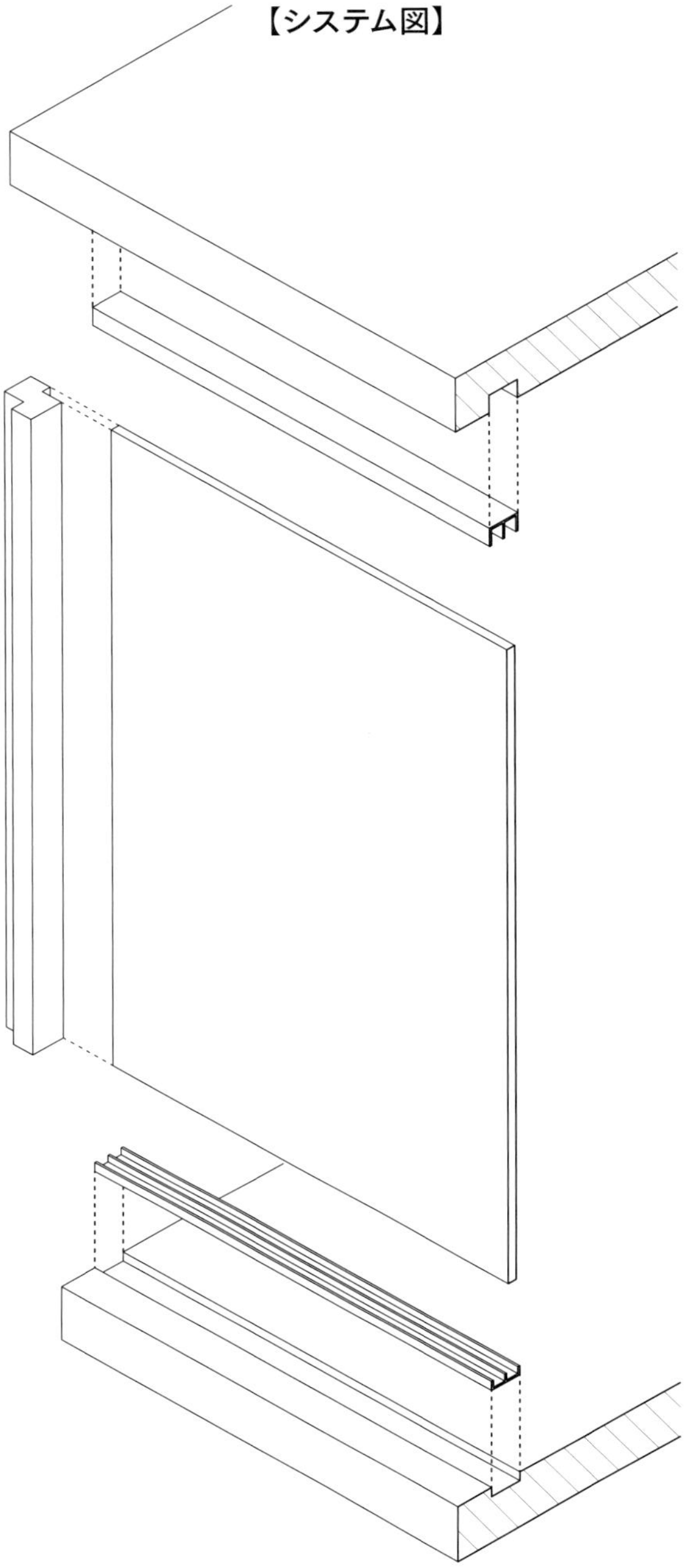

以前、家の中の戸は可能なかぎり引き戸にしていたが戸棚類だけは扉にしていた。前面が平らに納まってきれいに見えるからだ。引き戸の方が圧倒的に使いやすいのが分かっているのに引き戸でデザインする自信がなかった。使い勝手を犠牲にしてまで見た目にこだわるのは良くないと悩んでいる頃 、コルビジェの作品に合板1枚だけの引き戸らしき造り付けの天袋を発見した。気がつけば身のまわりにガラスの引き戸がはまった食器棚があるではないか 。必ず反る合板に代わるなにかをガラスレールで滑らせれば合理的でローコストな引き戸収納が造れる。見苦しくないものに仕立てるにはデザイン力しかない。そしてチャレンジ……MDFとの出会いがあって現在のシステムにたどり着いた。

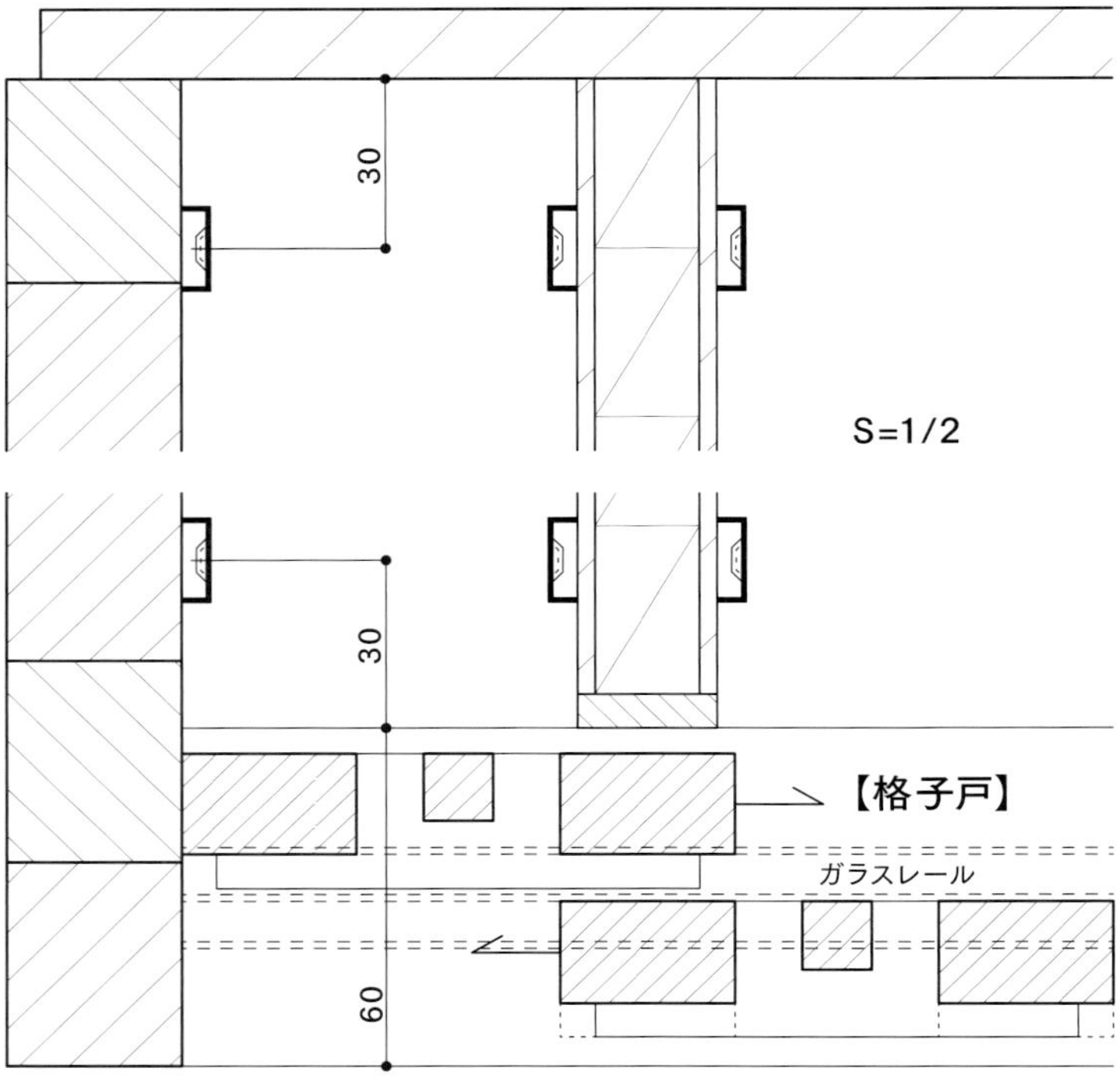

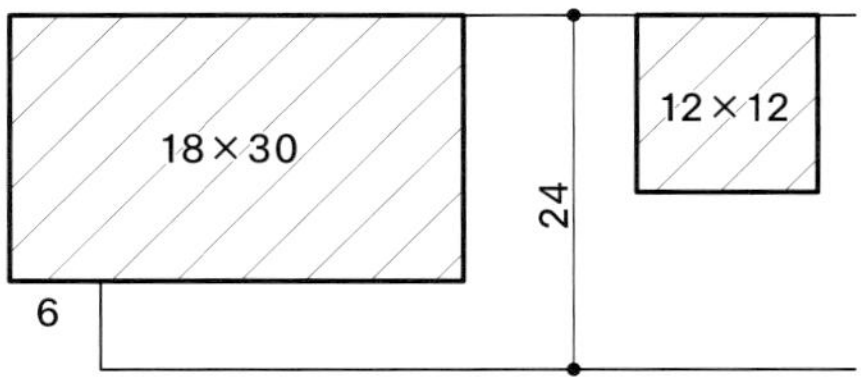

【格子戸】S=1:1

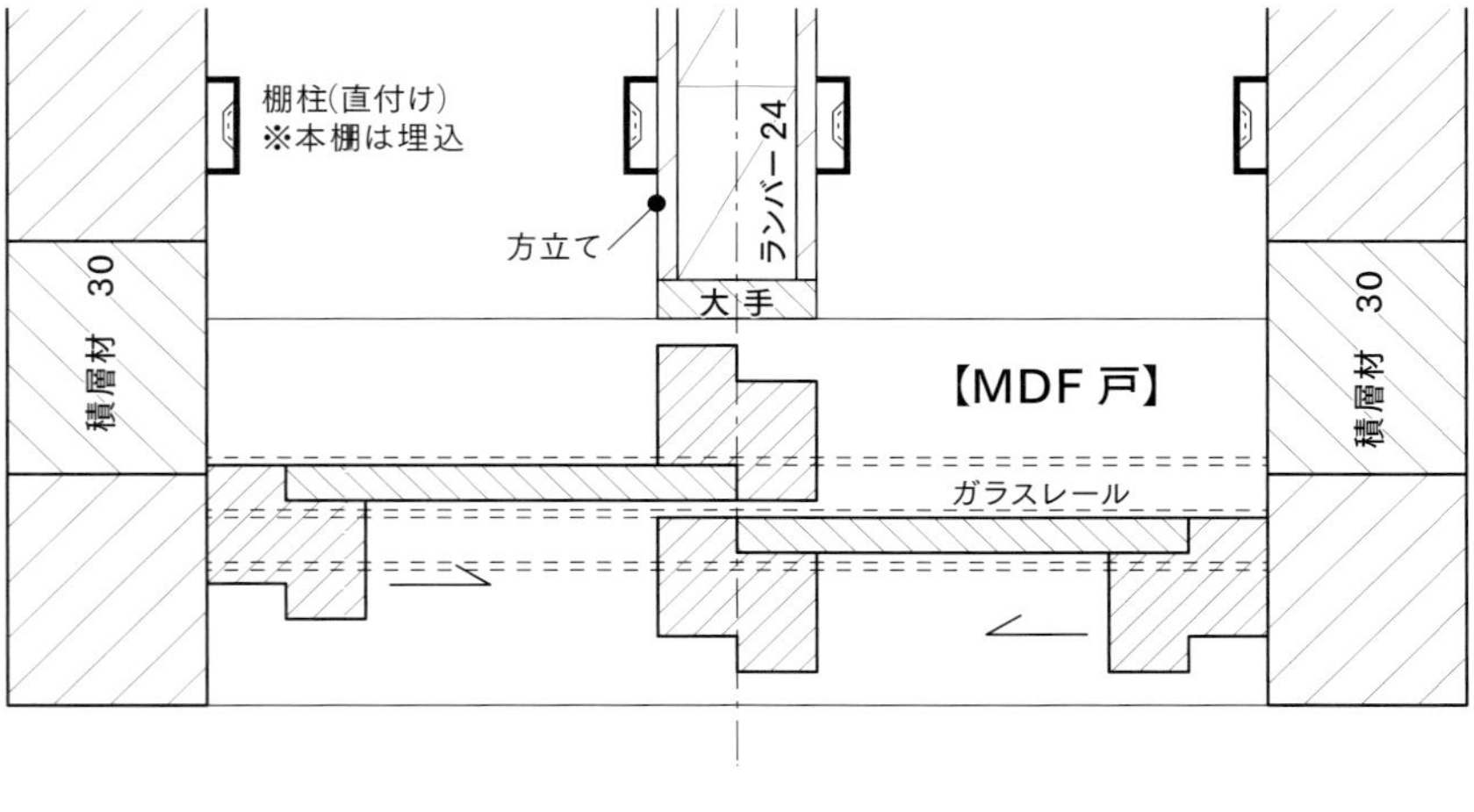

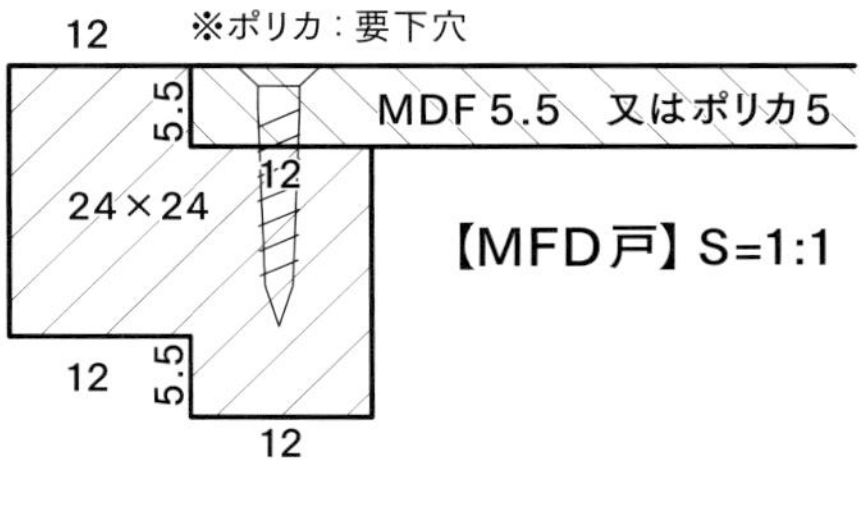

【MFD戸】S=1:1

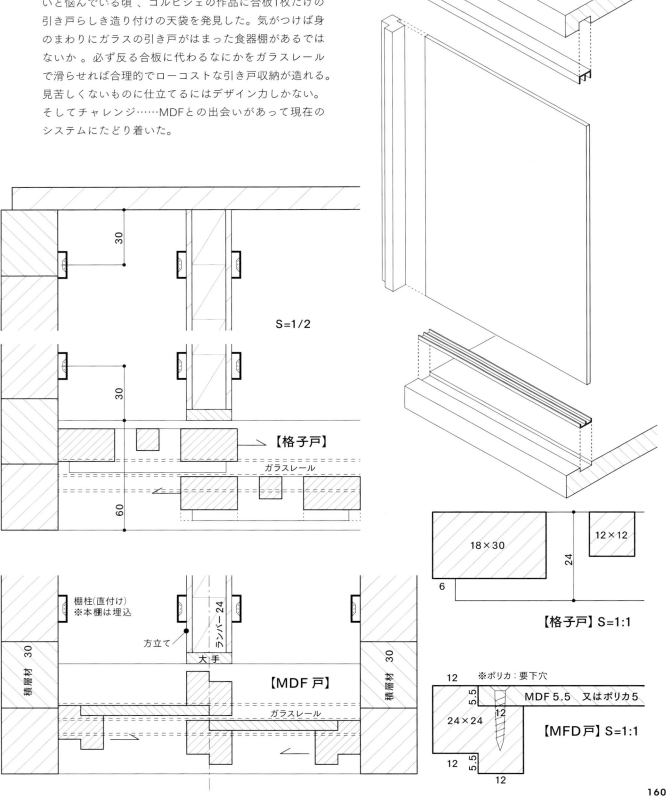

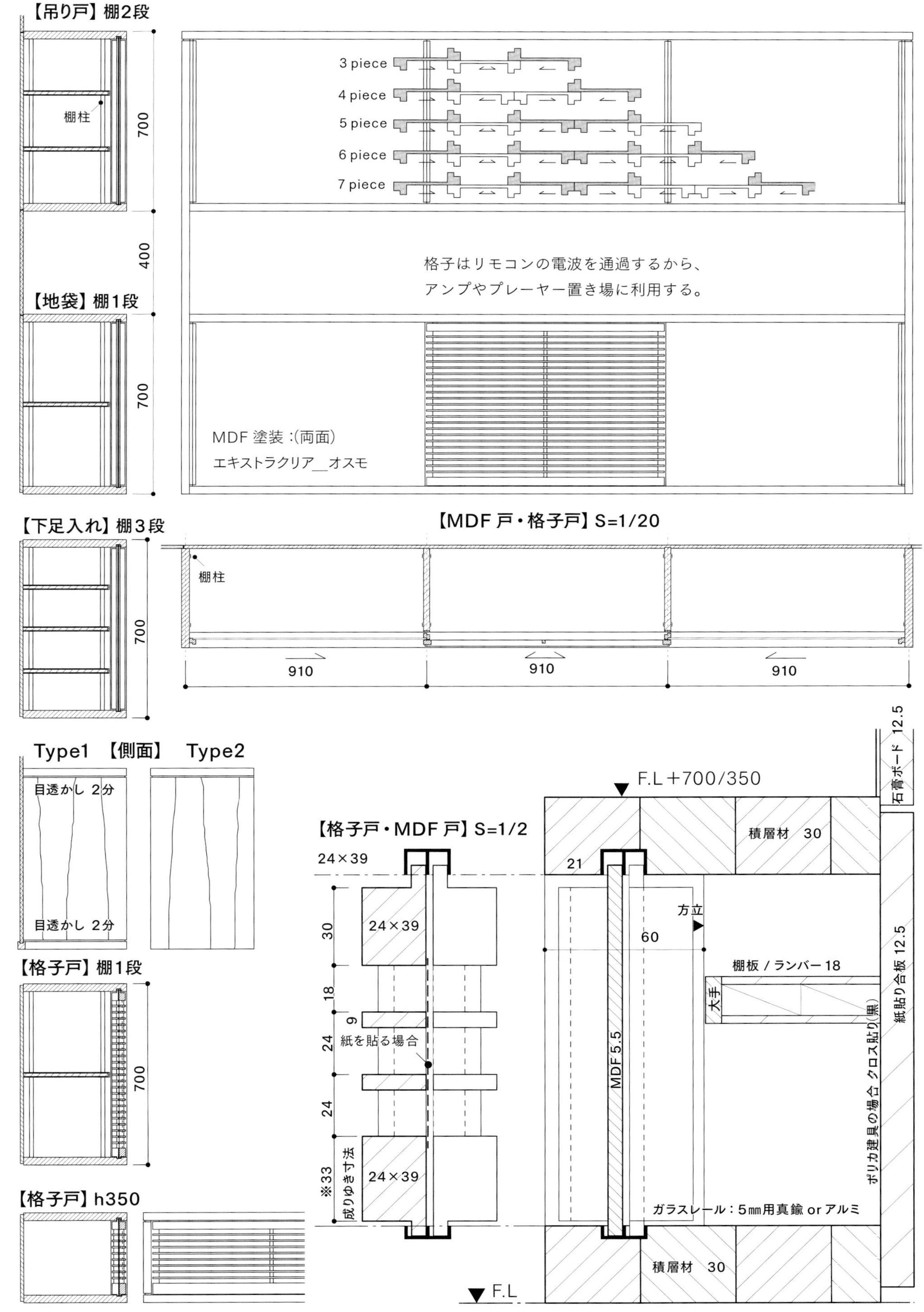
【吊り戸】棚2段
棚柱
700
400
【地袋】棚1段
700
3 piece
4 piece
5 piece
6 piece
7 piece
格子はリモコンの電波を通過するから、
アンプやプレーヤー置き場に利用する。
MDF 塗装 :(両面)
エキストラクリア__オスモ
【下足入れ】棚3段
700
【MDF 戸・格子戸】S=1/20
棚柱
910
910
910
Type1 【側面】 Type2
目透かし 2分
目透かし 2分
【格子戸】棚1段
700
【格子戸】h350
【格子戸・MDF 戸】S=1/2
24×39
30
24×39
18
9
24
紙を貼る場合
24
※33
成りゆき寸法
24×39
F.L＋700/350
21
積層材 30
方立
60
棚板 / ランバー 18
大手
MDF 5.5
ガラスレール：5㎜用真鍮 or アルミ
積層材 30
F.L
石膏ボード 12.5
紙貼り合板 12.5
ポリカ建具の場合 クロス貼り(黒)

※建具厚21
※角は糸面
※寸法はすべて見付寸法とする

部屋の隅の空気がよどみやすいところには通気のための小窓が必要となる。トイレや洗面などの小部屋でも明かり採りや換気のために小窓がいる。これらは間近な存在だけになにかと気になる。アルミや網戸の見苦しさもさることながら、夜間の黒いガラスは気持ちのいいものではない。そこで思いついたのが空気を通しながらアルミも網戸も視界から消し去る通気障子である。上下にスリットを設け、障子を開けずともそこから空気を出し入れして換気をおこなう。これでアルミも網戸も目にふれずに済む。夜間の黒いガラスも障子紙で真っ白に変身し壁面になじむ 。

S＝1/20

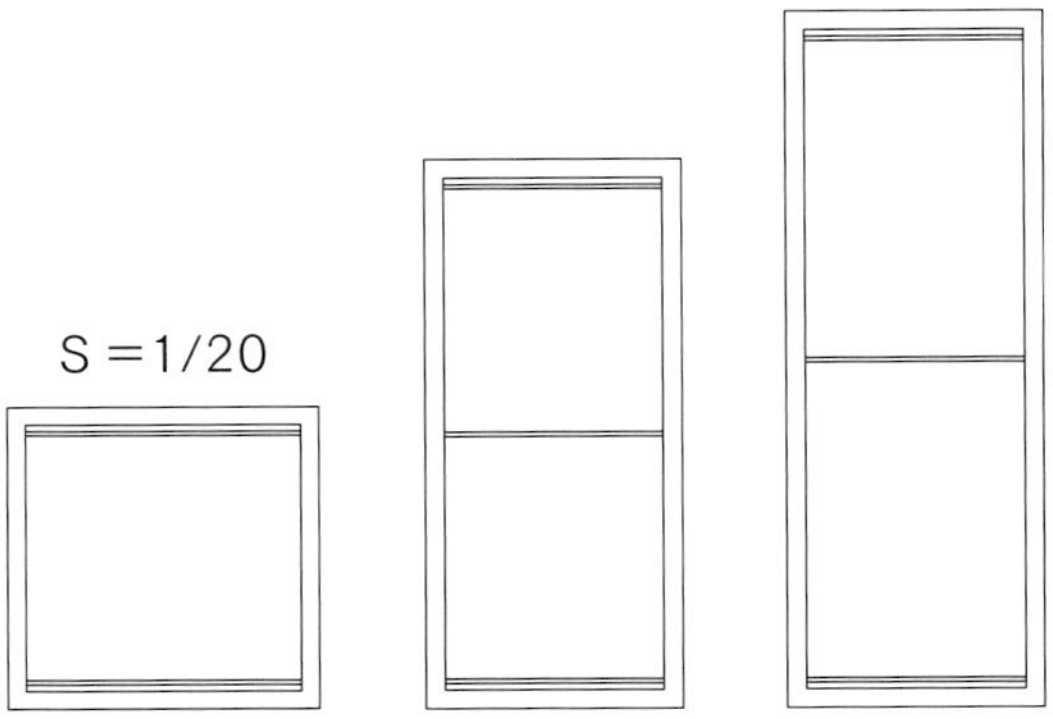

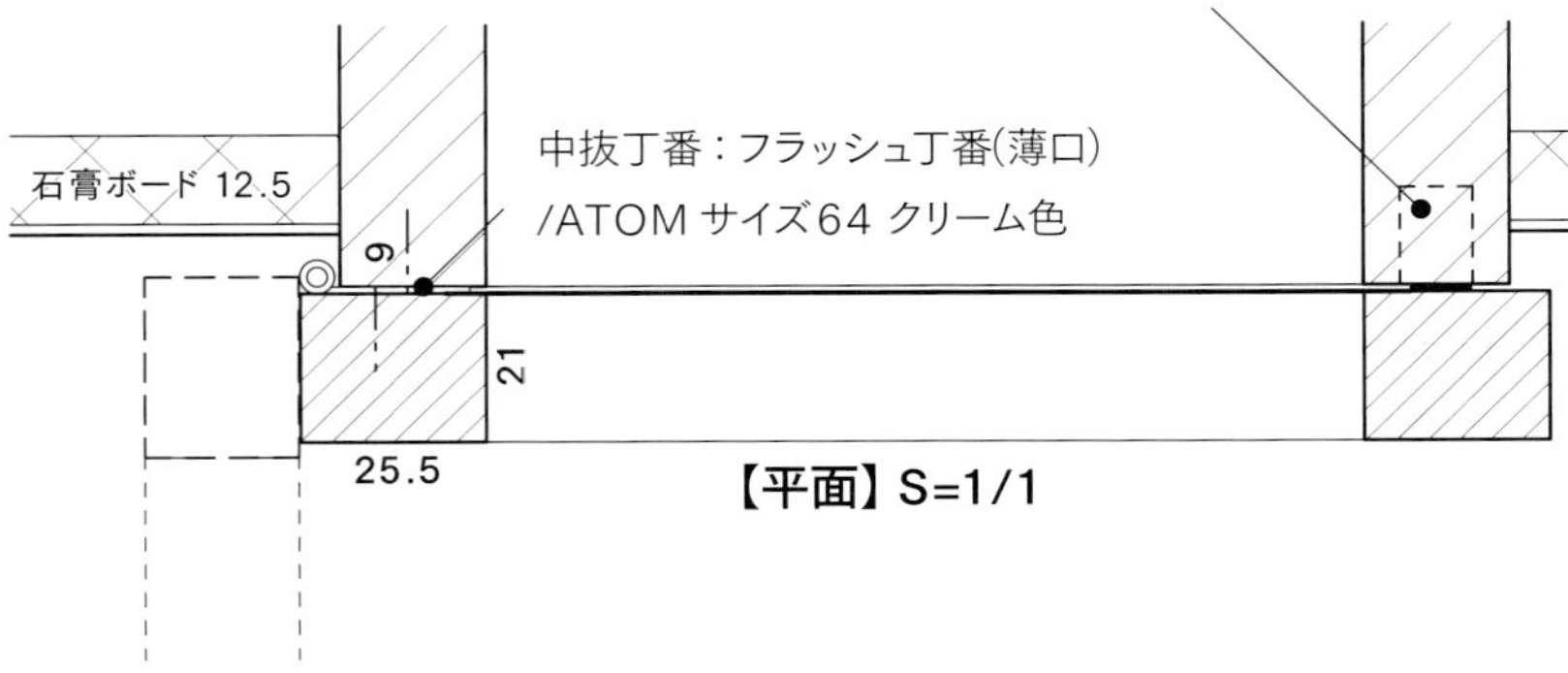

【平面】S=1/1

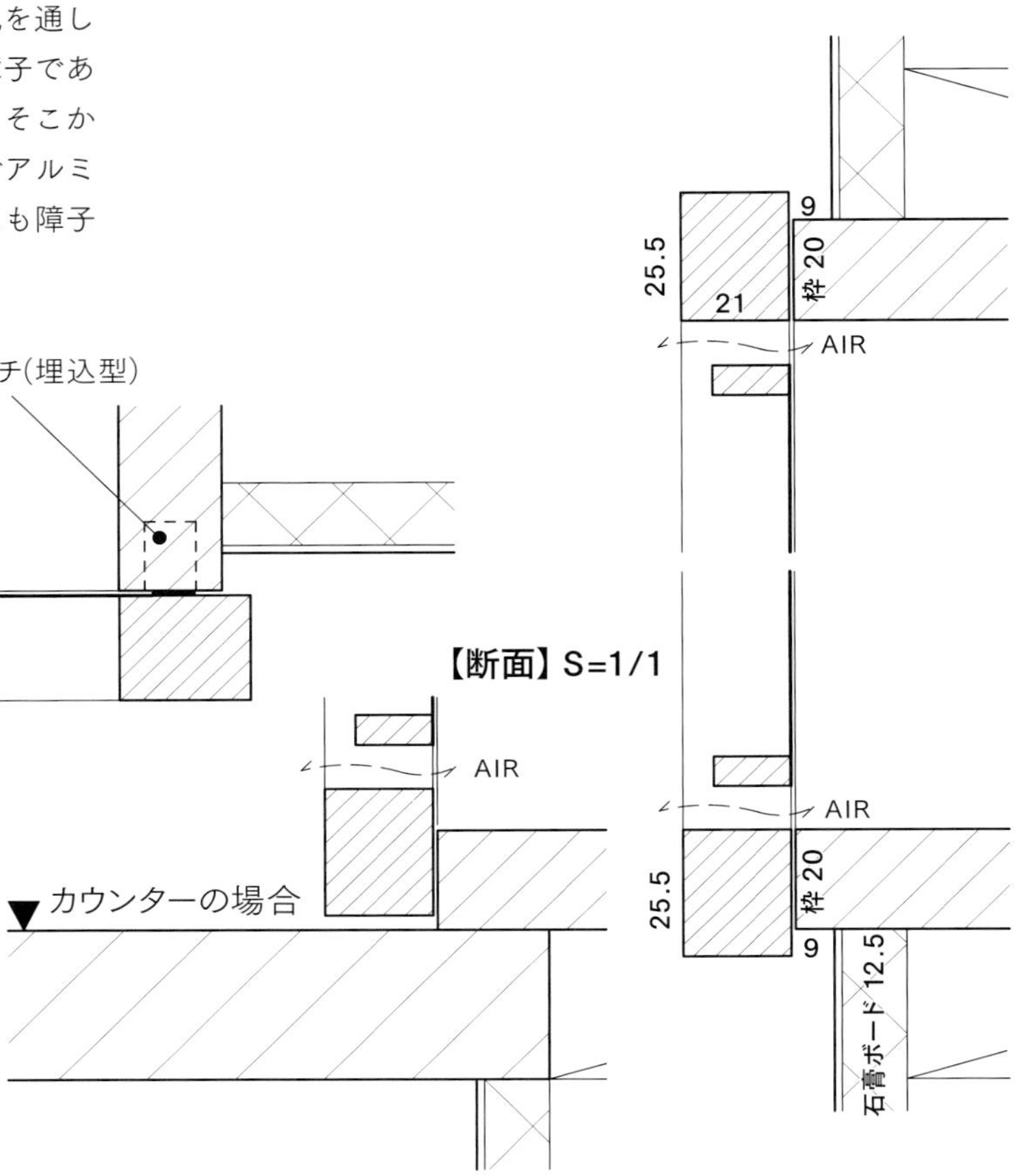

【断面】S=1/1

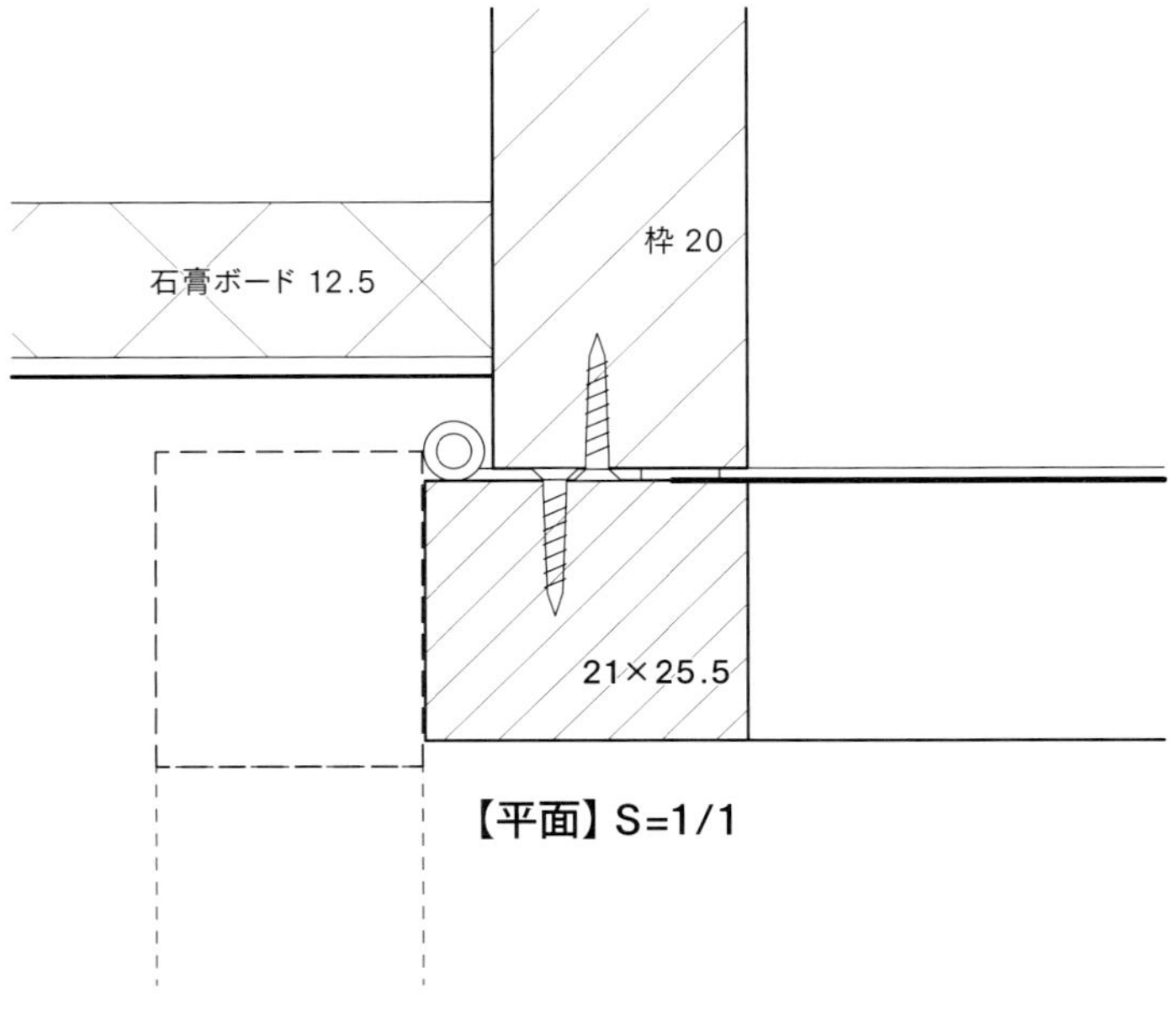

【平面】S=1/1

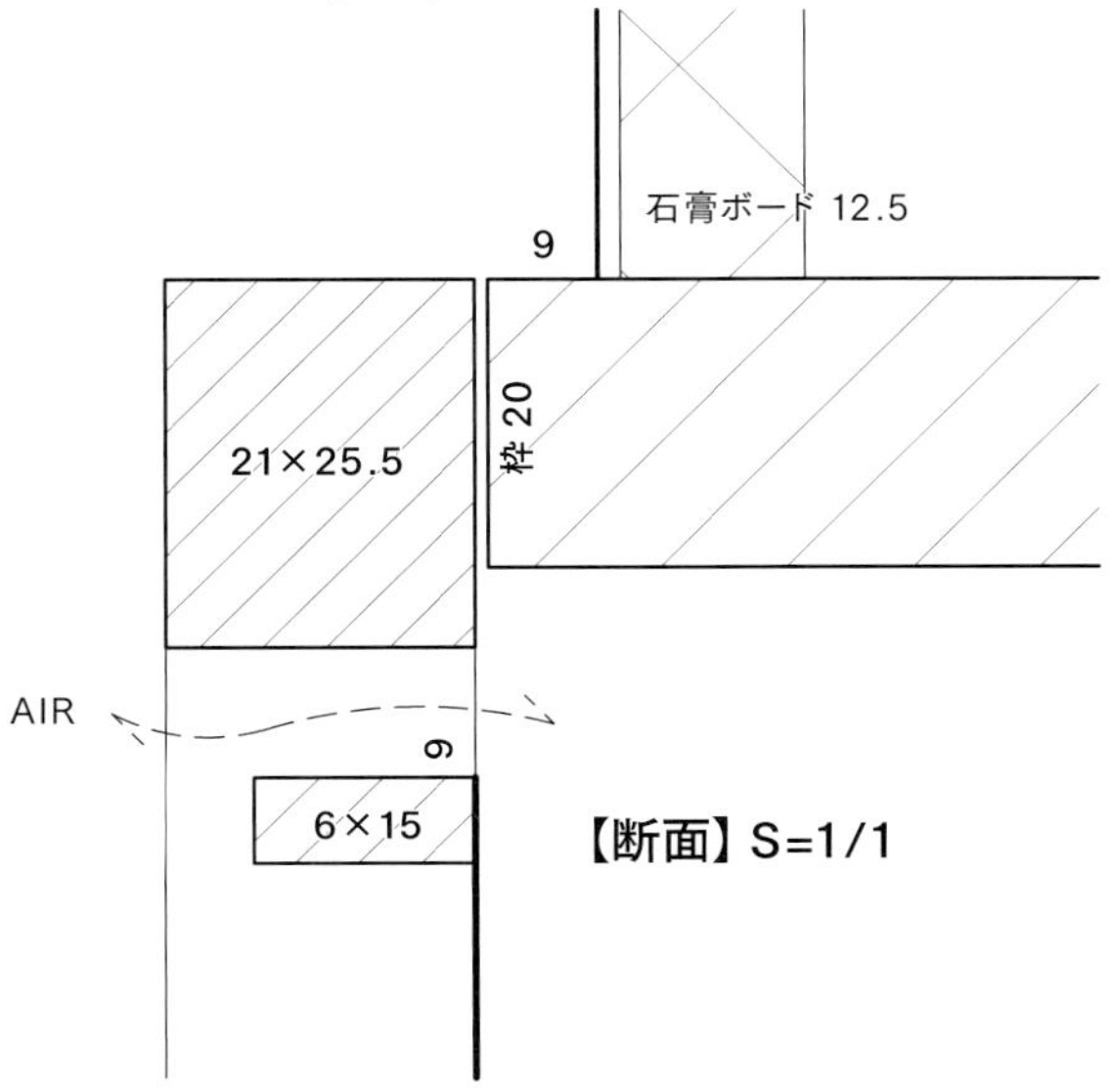

【断面】S=1/1

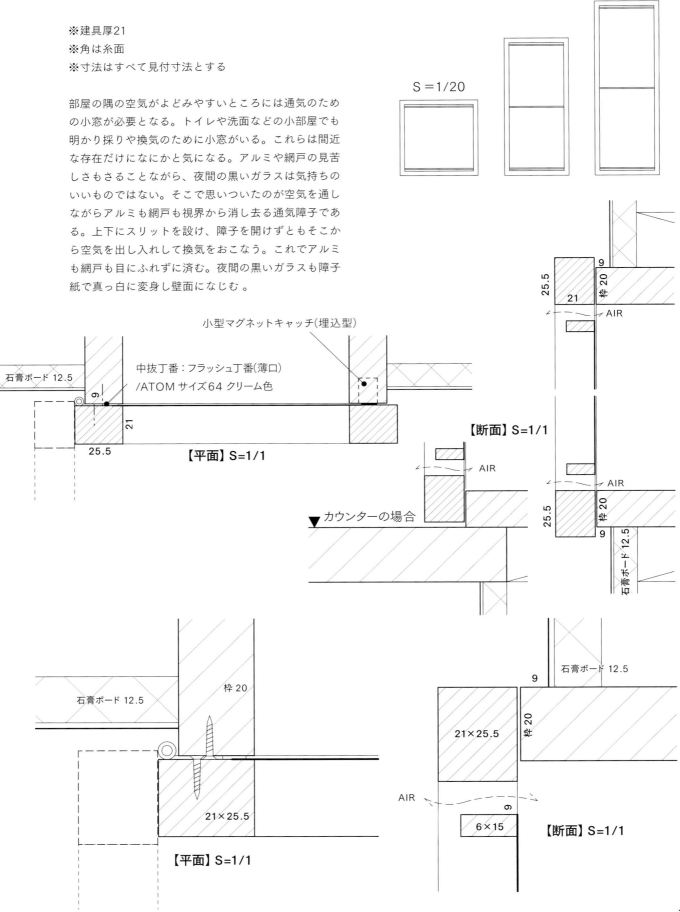

※建具厚 21
※角は糸面
※寸法はすべて見付寸法とする

枠にかぶせて通気障子をはめつつ戸当たりを消す納まり。 建具が大きくなると障子紙に引っ張られて框や組子がゆがむので補強のために組子を増やす 。

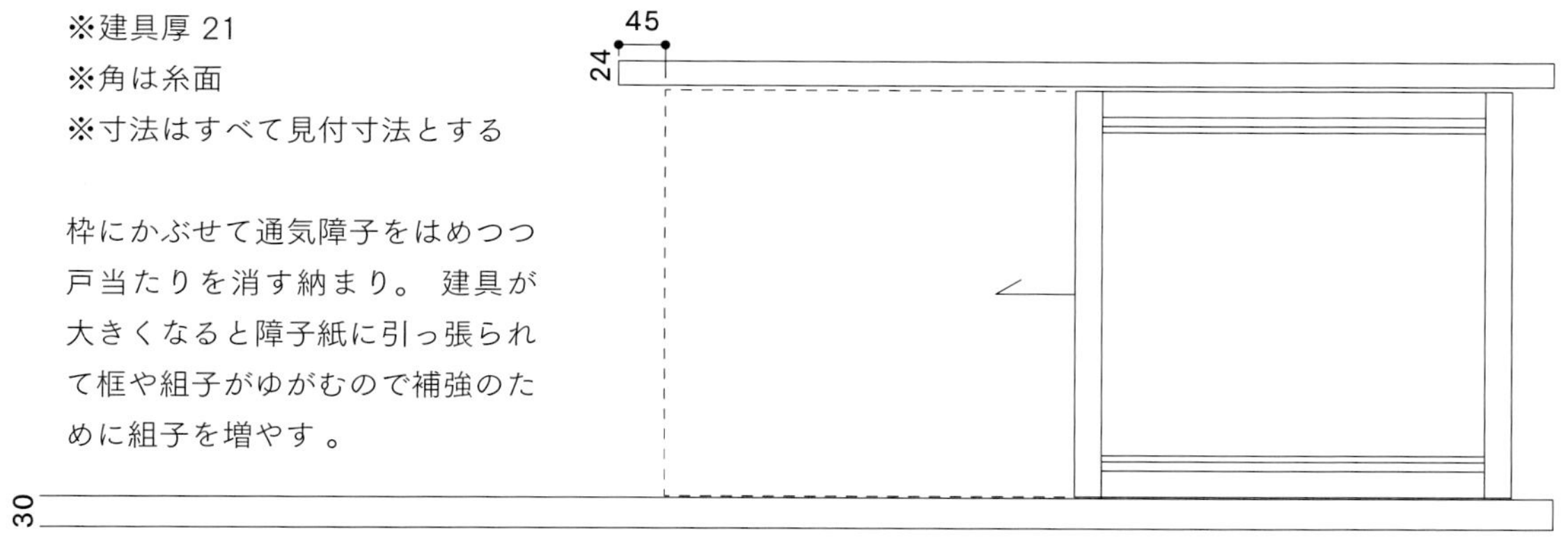

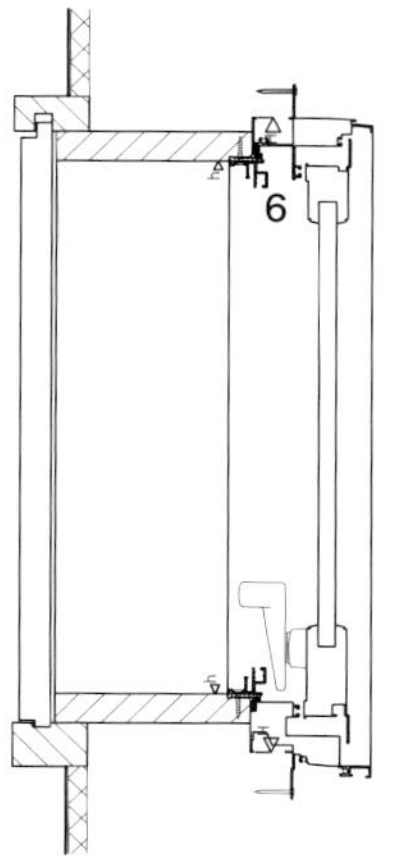

S＝1/20

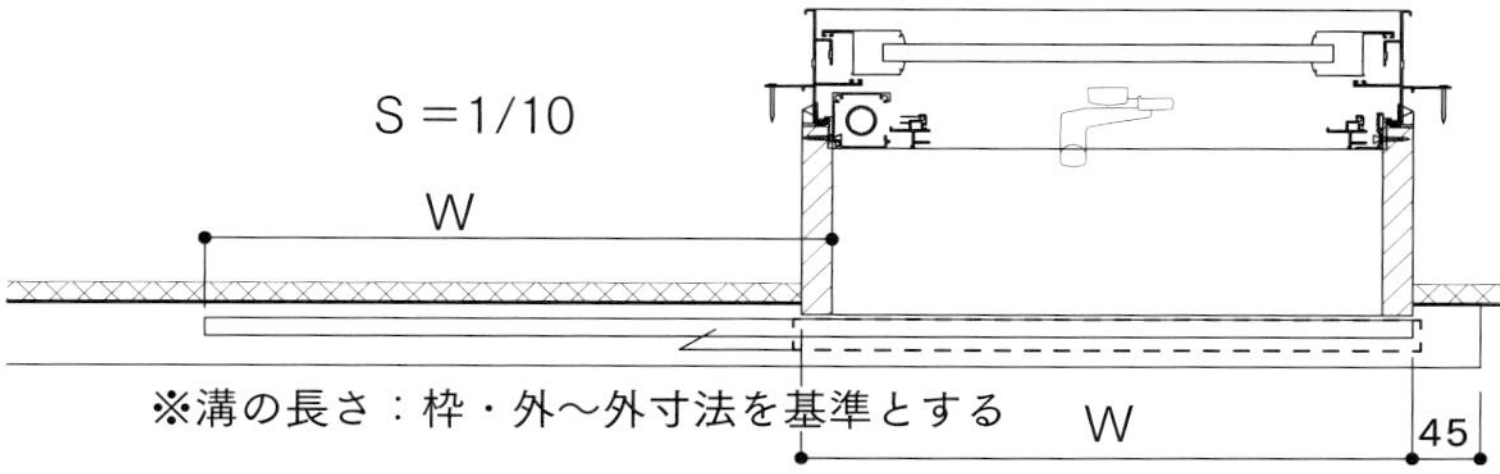

壁面の構成によっては鴨居すら目立ちすぎることがある。その存在を消す工夫。

地袋と吊り戸棚の間に小窓が必要な場合、上下の溝を掘るのは大変だ。ダボやひも打ちを建具道具にして大工仕事を減らす工夫。

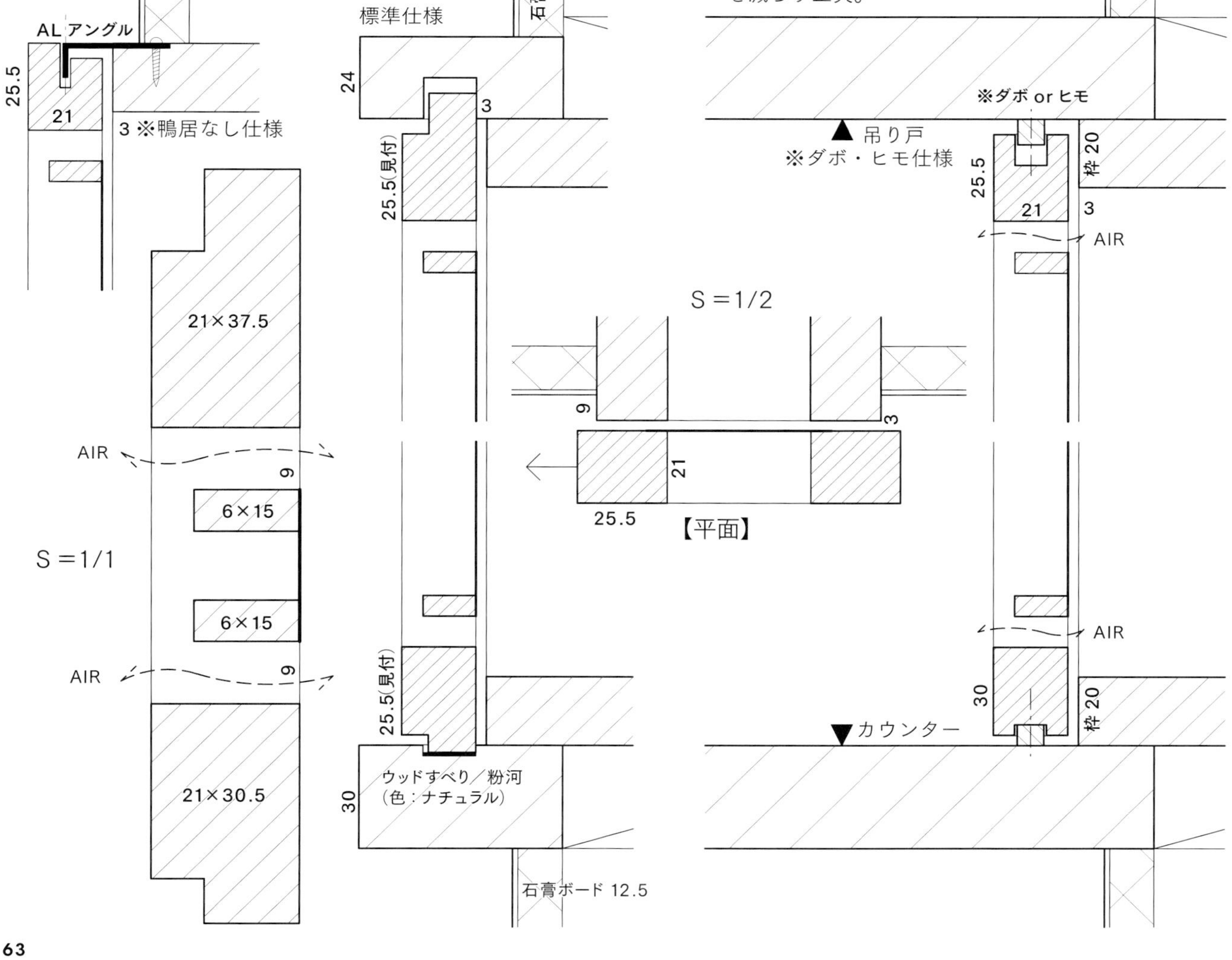

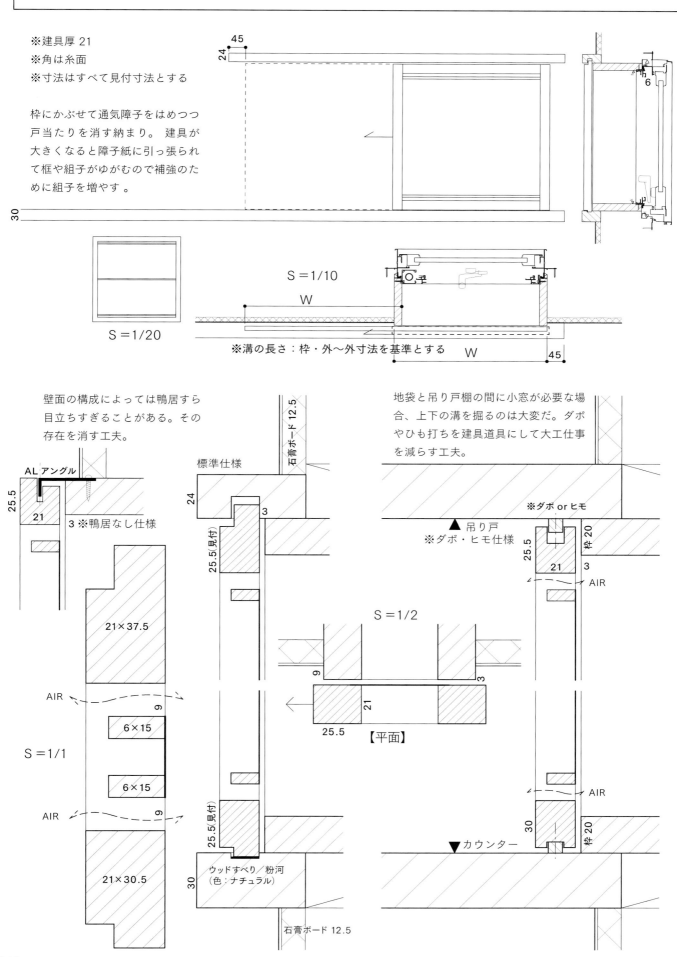

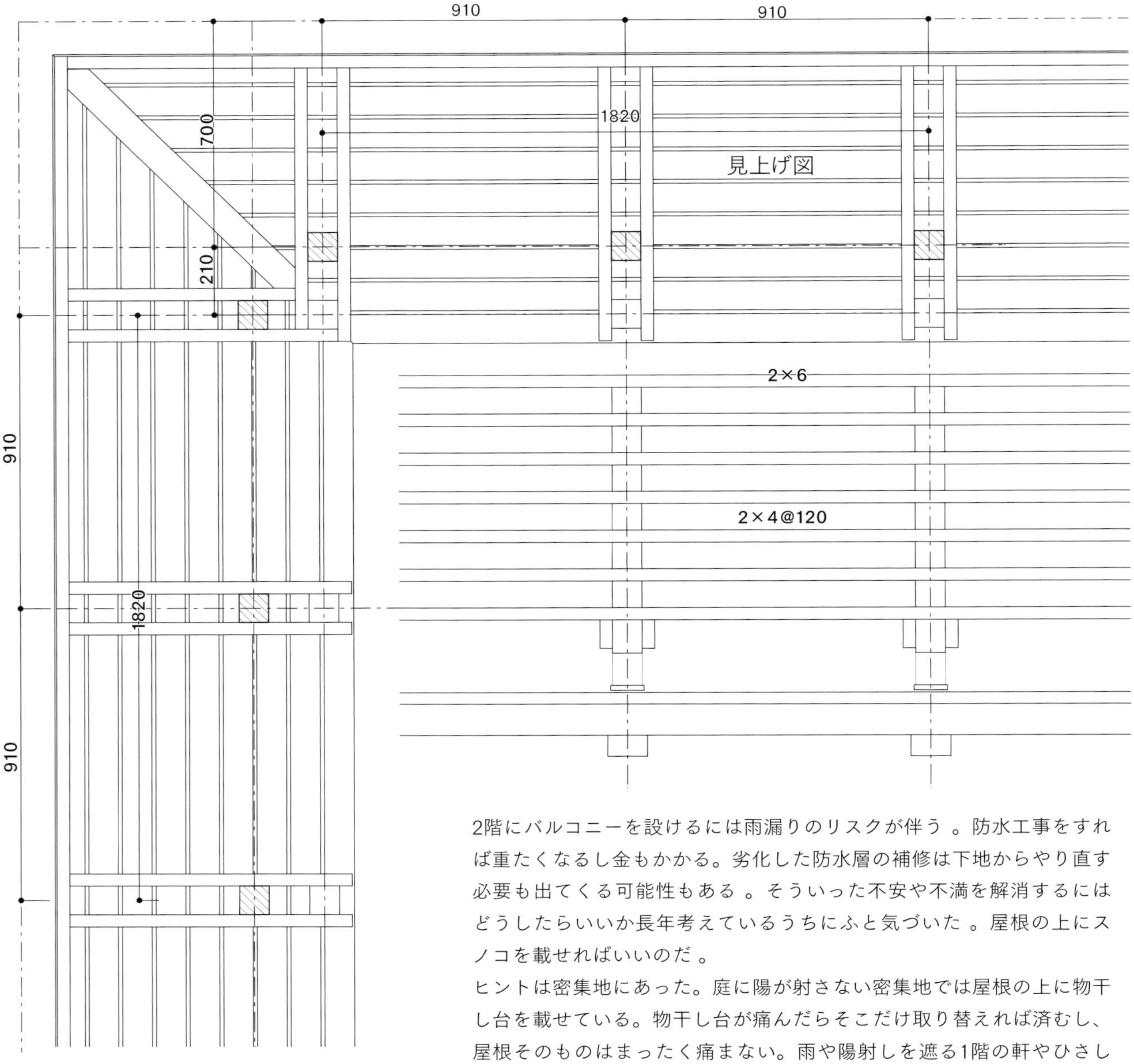

S＝1/20

2階にバルコニーを設けるには雨漏りのリスクが伴う 。防水工事をすれば重たくなるし金もかかる。劣化した防水層の補修は下地からやり直す必要も出てくる可能性もある 。そういった不安や不満を解消するにはどうしたらいいか長年考えているうちにふと気づいた 。屋根の上にスノコを載せればいいのだ 。

ヒントは密集地にあった。庭に陽が射さない密集地では屋根の上に物干し台を載せている。物干し台が痛んだらそこだけ取り替えれば済むし、屋根そのものはまったく痛まない。雨や陽射しを遮る1階の軒やひさしの上にバルコニーを載せる、これが最も合理的な手段と考えている。

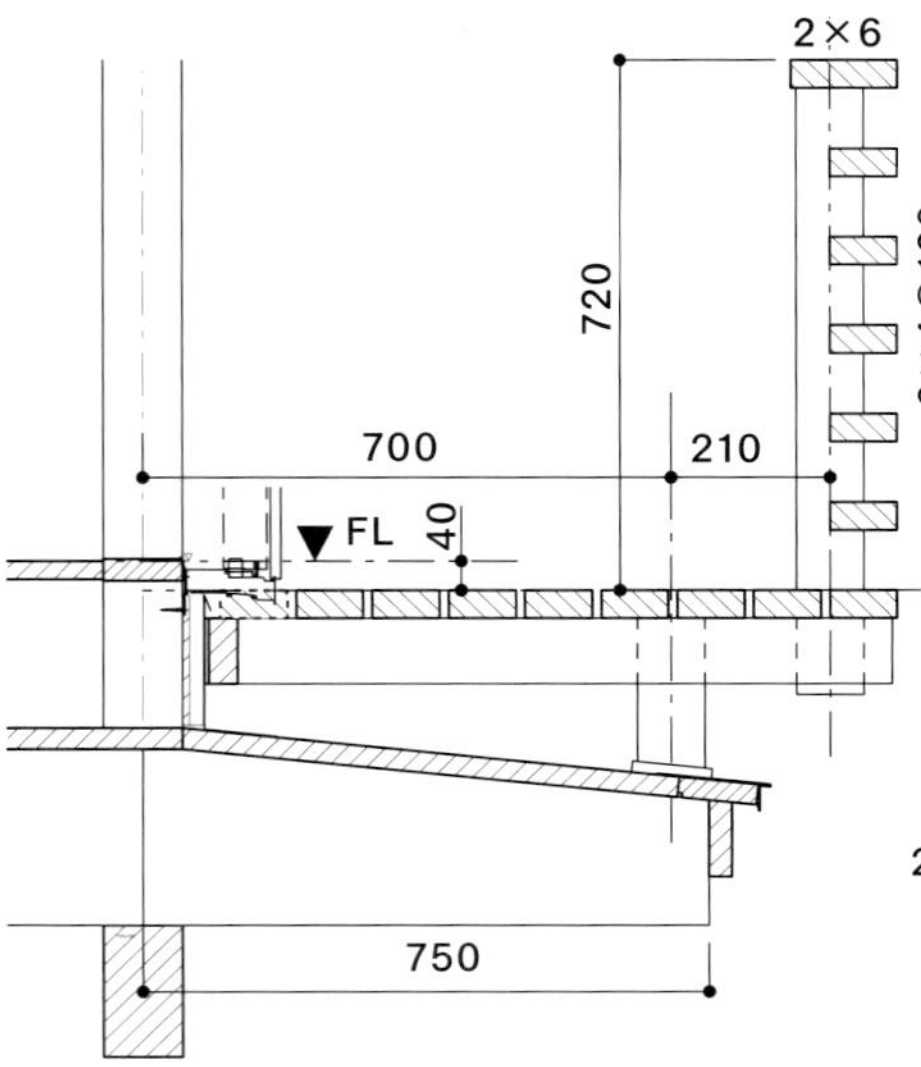

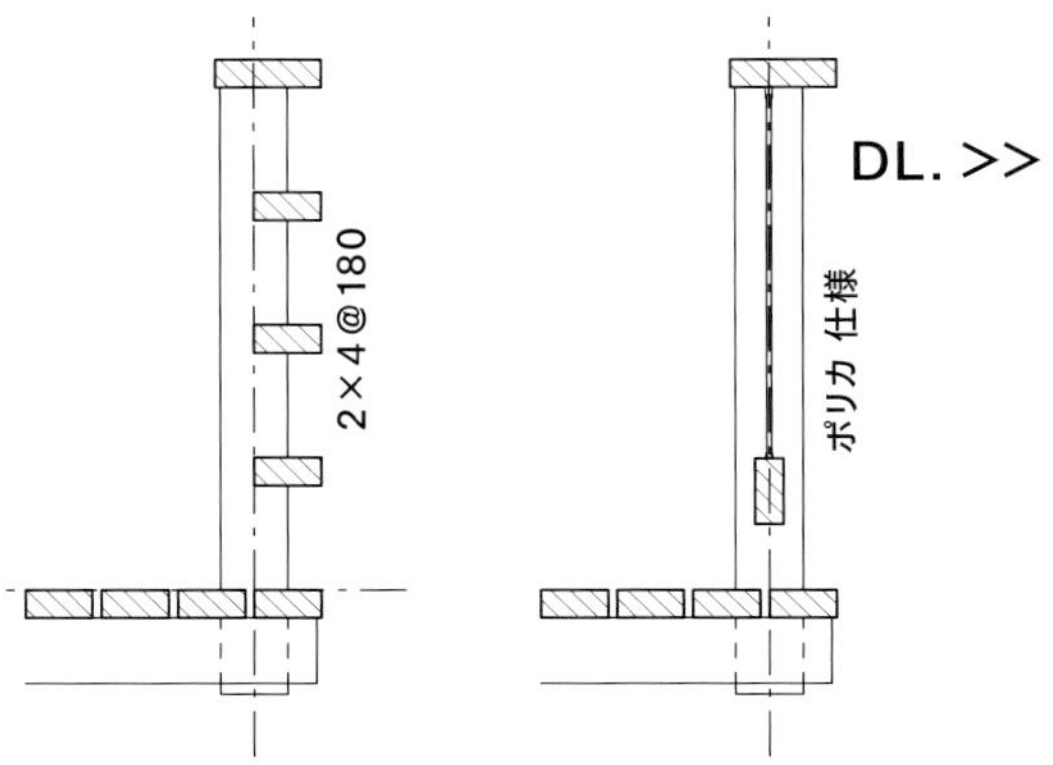

【レッドシダー ツーバイ材 リスト】
2×2_38×38　2×4_38×89　2×6_38×140　4×4_89×89

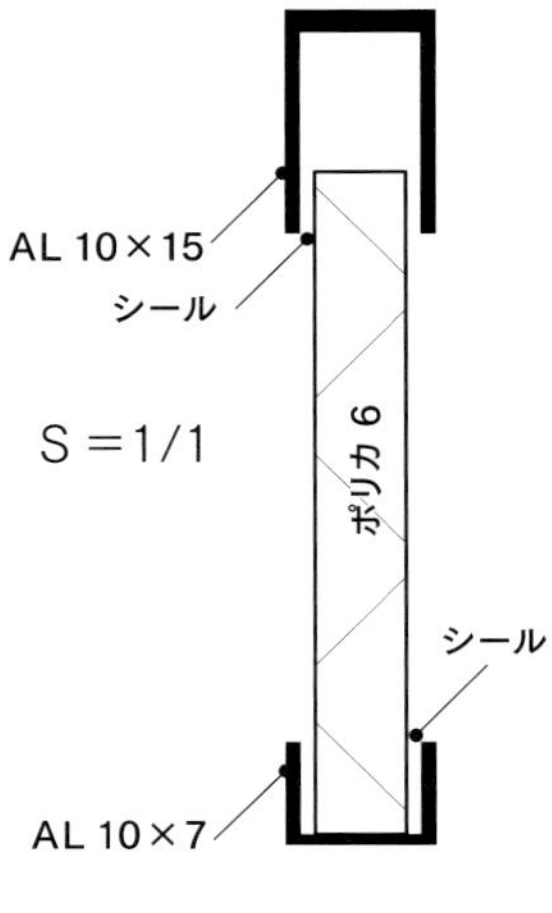

詳細図　濡れ縁

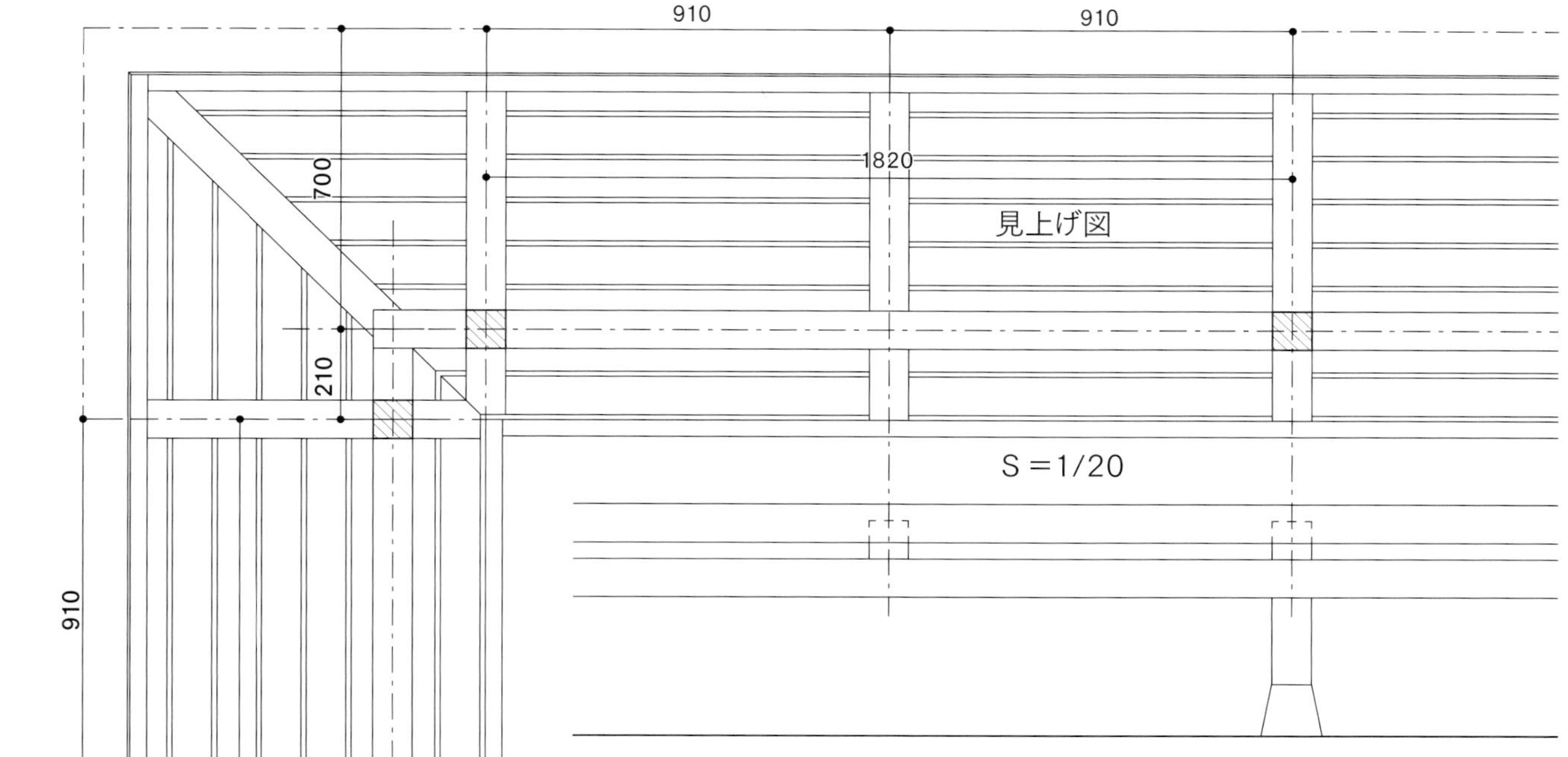

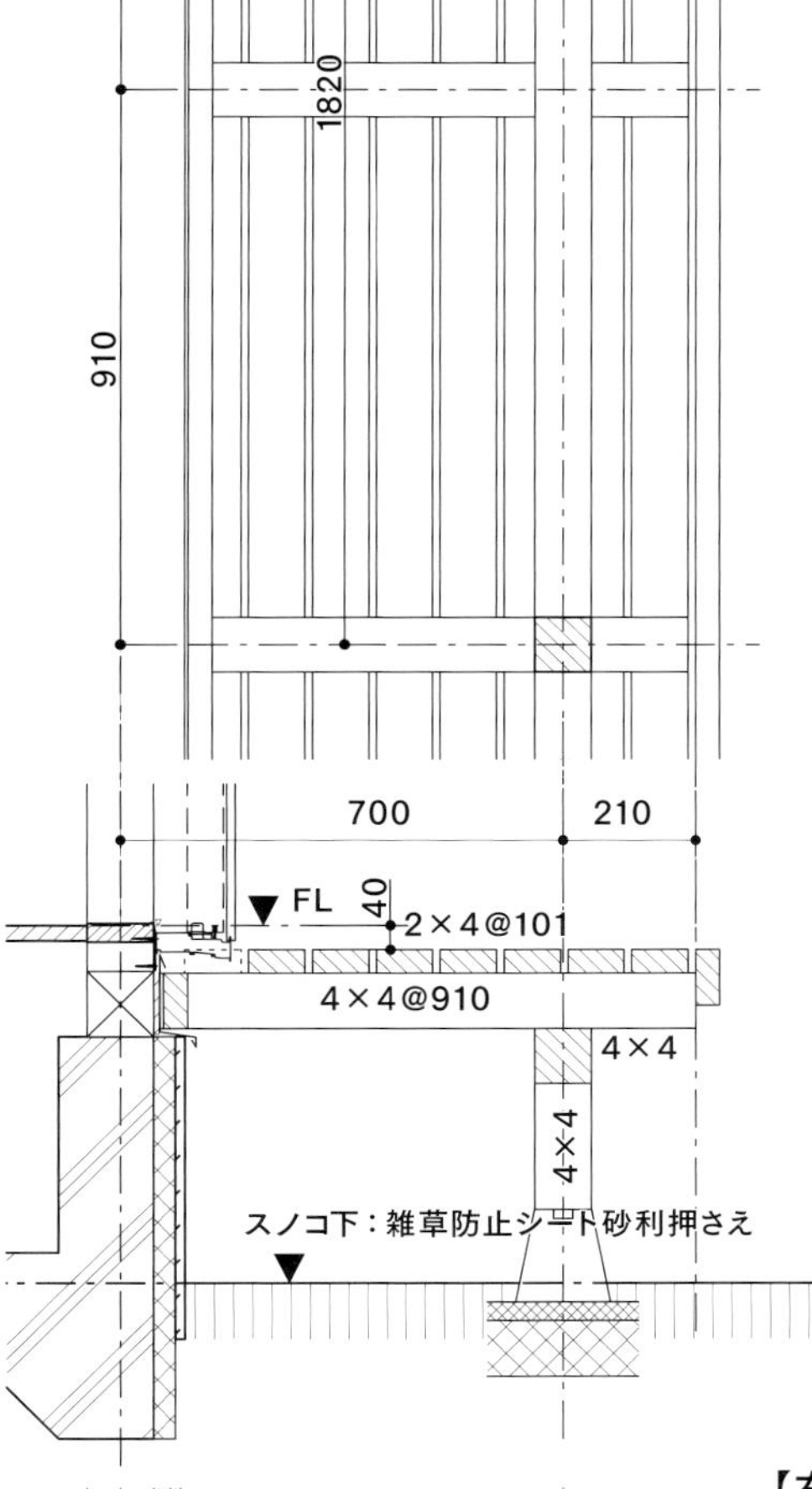

濡れ縁やバルコニーは痛みやすい。以前はもっと前に出したいのを我慢して必ず軒下に収まるように設計していた。しかし中庭などでは空のある桂離宮の月見台のようなものがどうしても欲しくなる。耐候性抜群で安価なレッドシダーに出会ってからはそれまでのうっぷんを晴らすがごとくデッキを張り出し、ベンチやテ ーブルを雨ざらしにするデザインを十二 分に楽しむこととなった 。

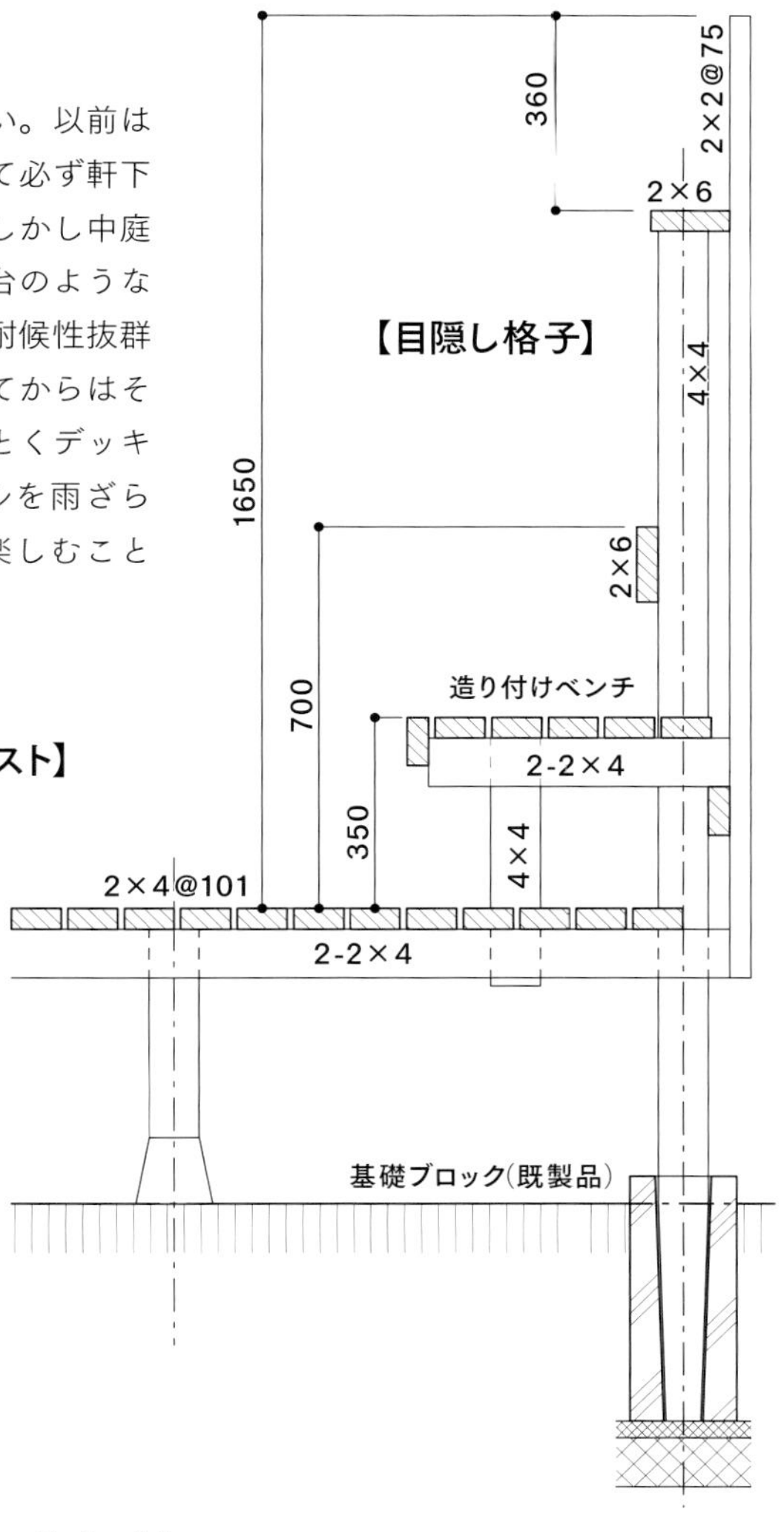

【レッドシダー ツーバイ材 リスト】

2×2_38×38　2×4_38×89
2×6_38×140　4×4_89×89

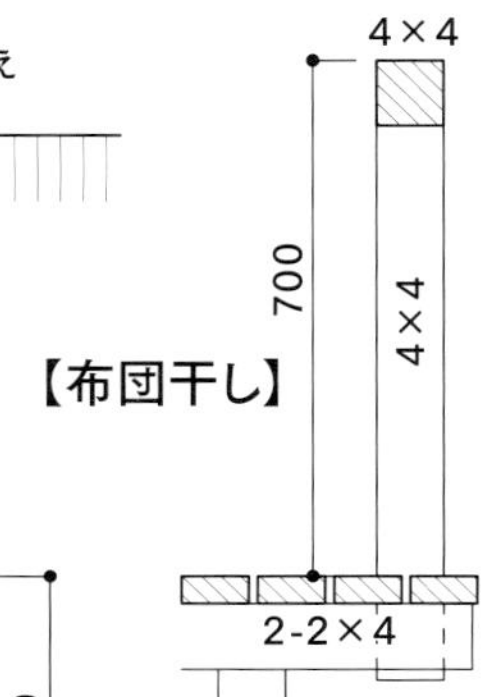

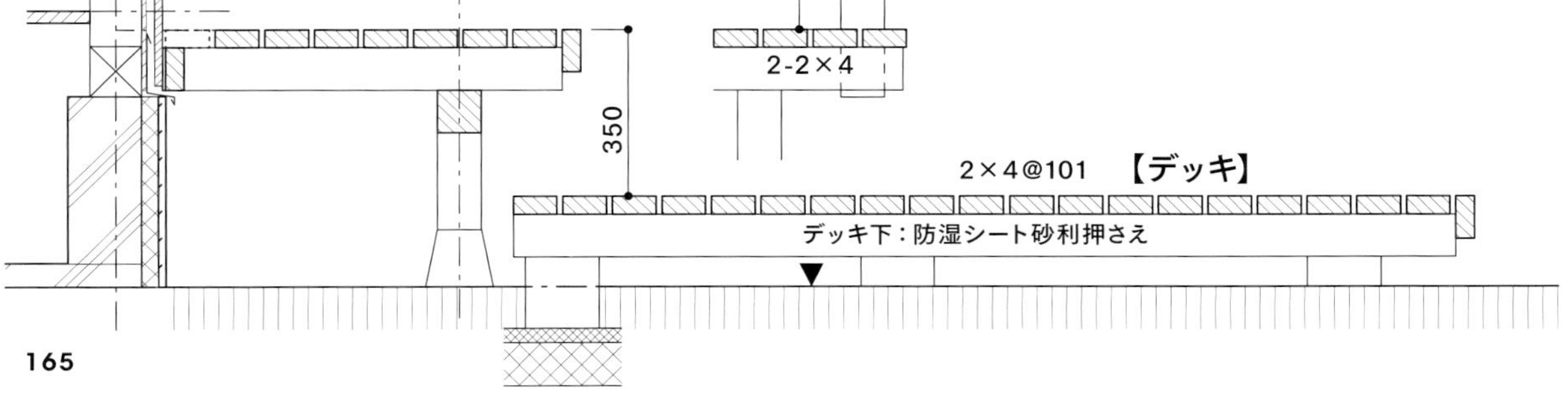

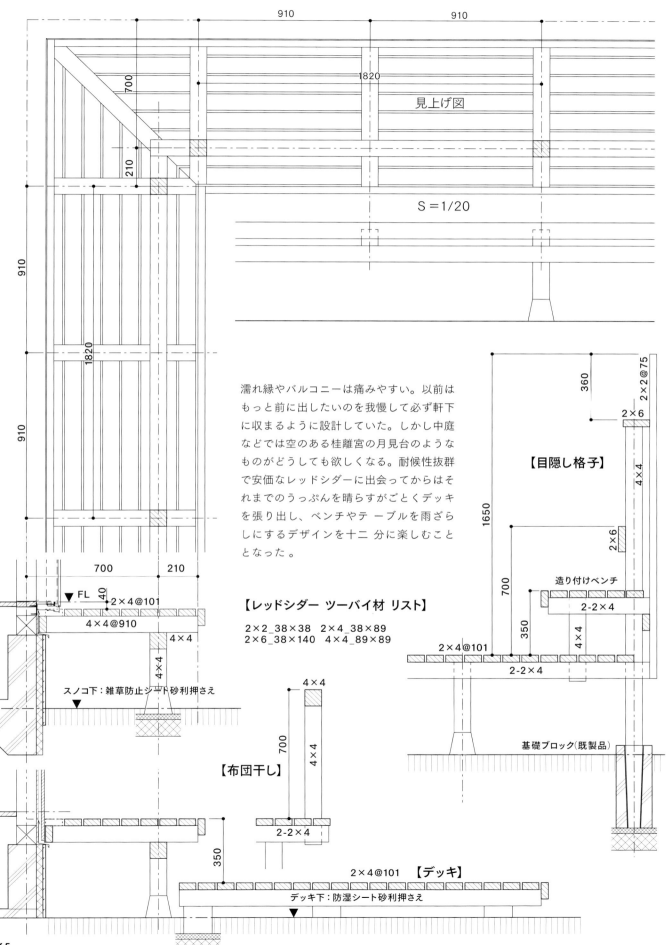

詳細図　デッキ用 ベンチ・スツール

※部材は全てレッドシダー既製品2×4（38×89㎜）

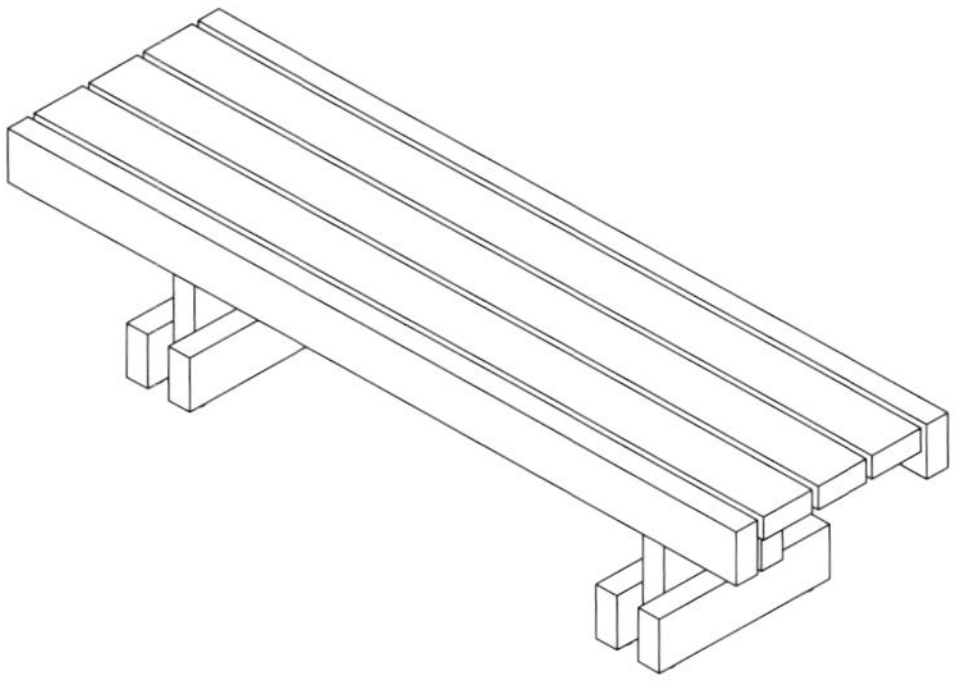

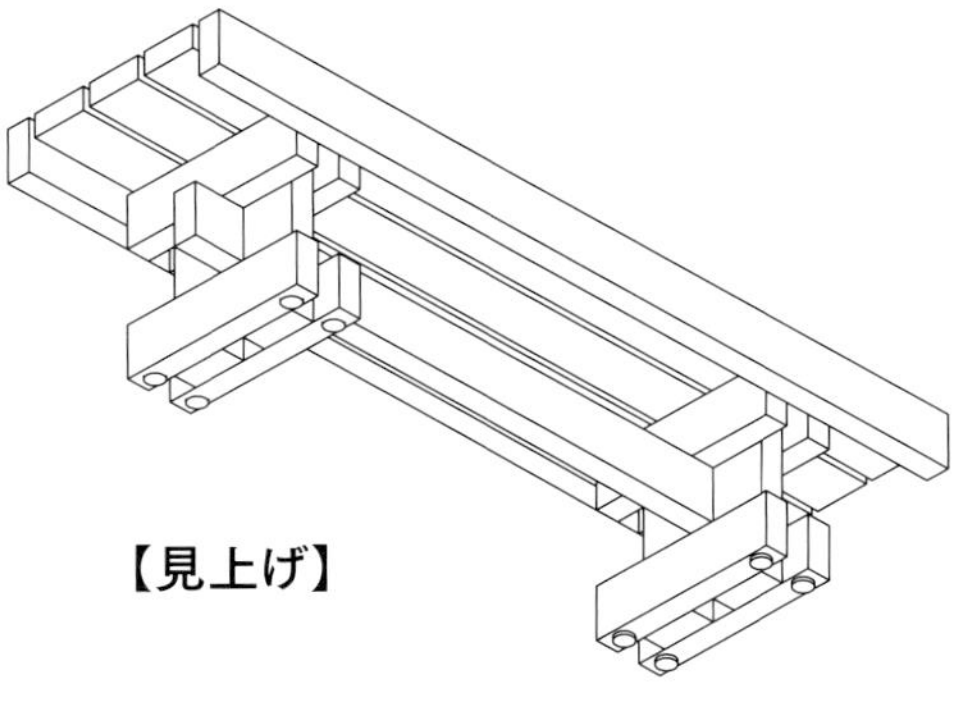

【見上げ】

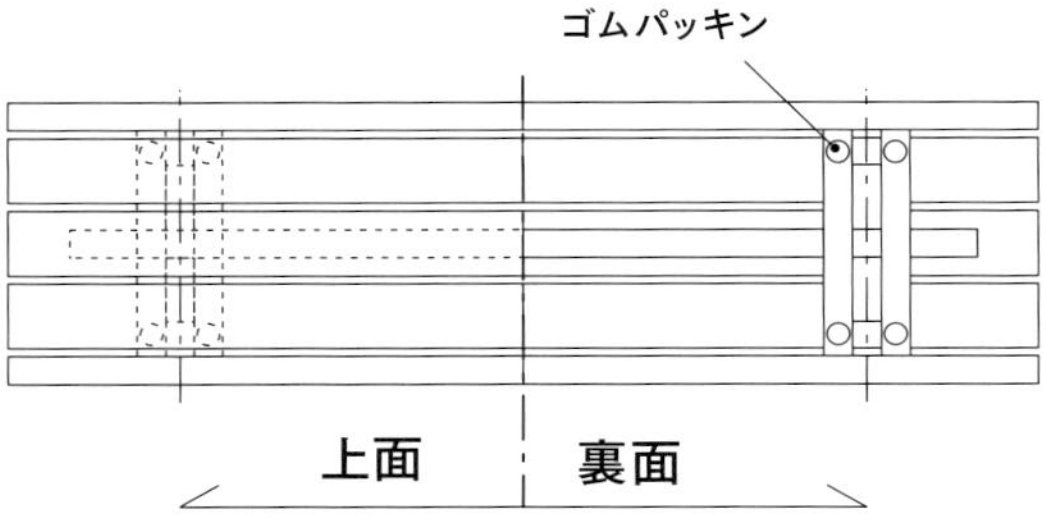

ベンチは持ち出し寸法が大きいと端に腰掛けたときに反対側が浮き上がる恐れがある。注意が必要だ。

【スツール】
S＝1/20

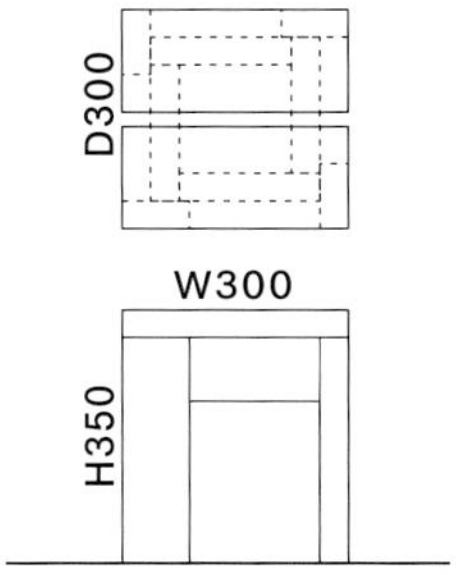

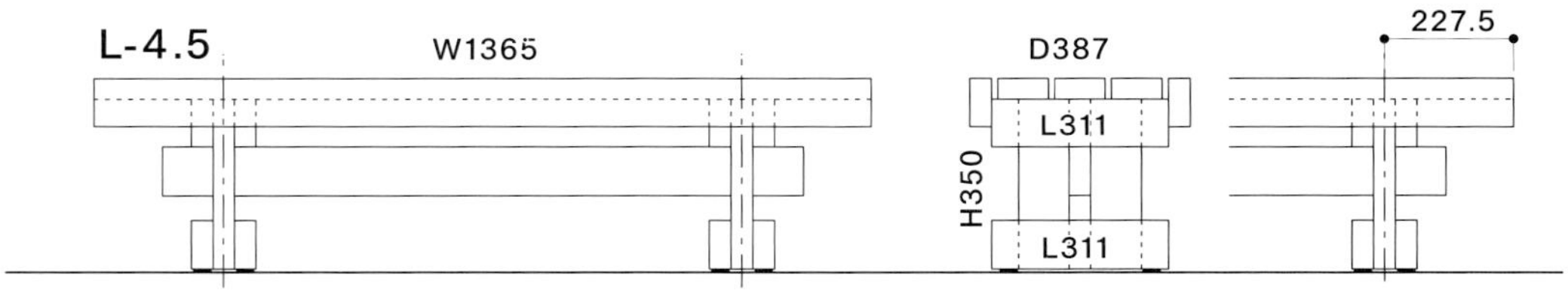

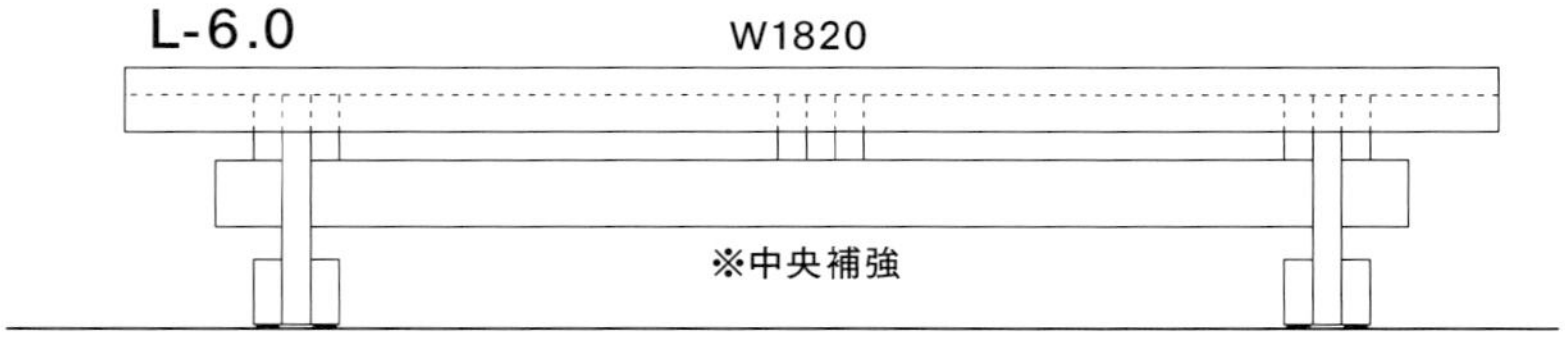

【スツール】
S＝1/10

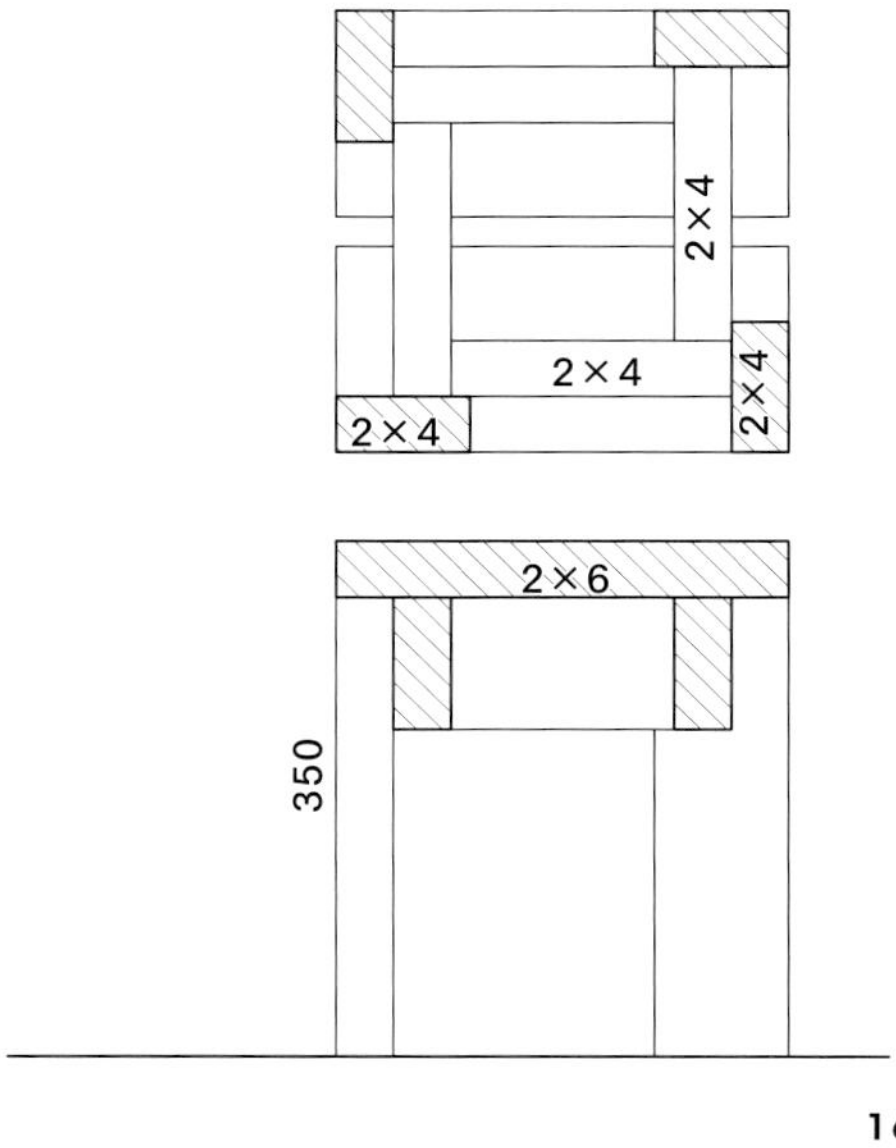

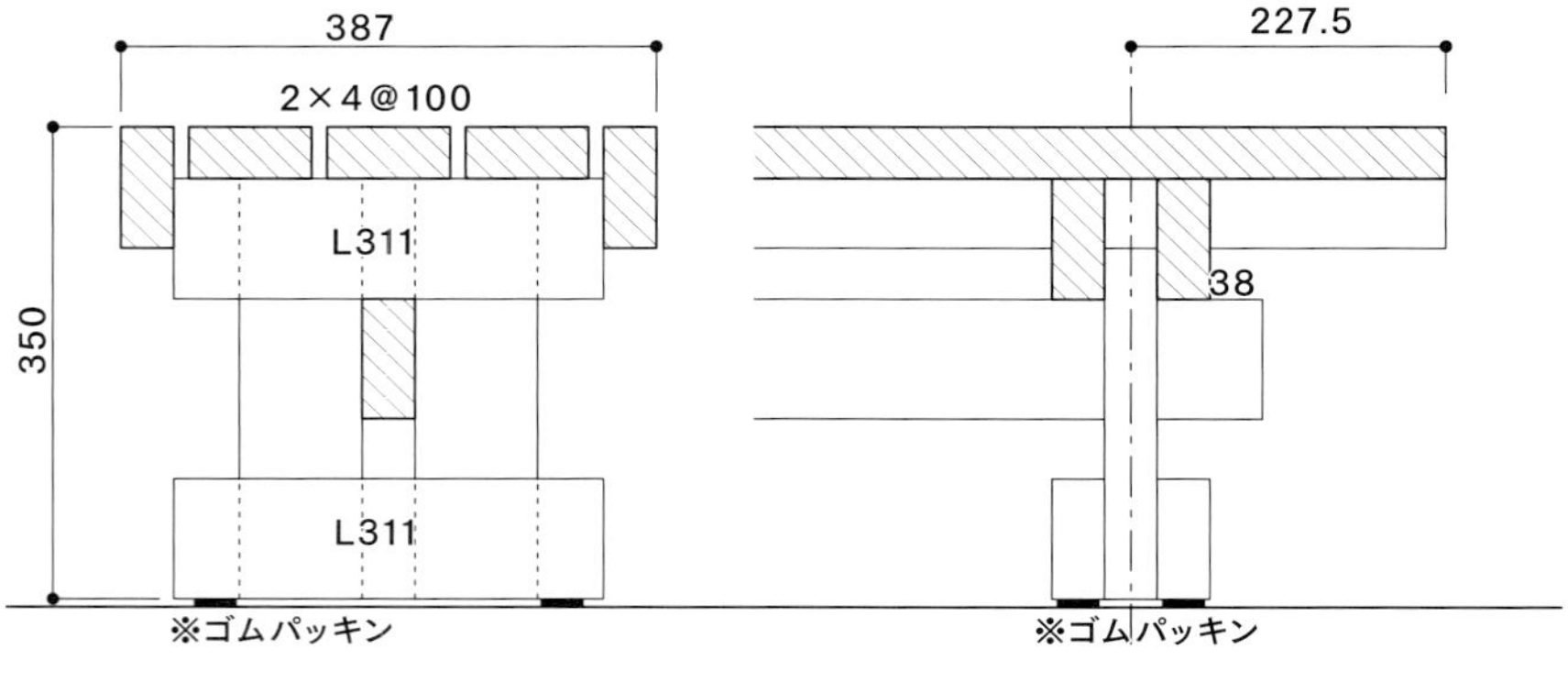

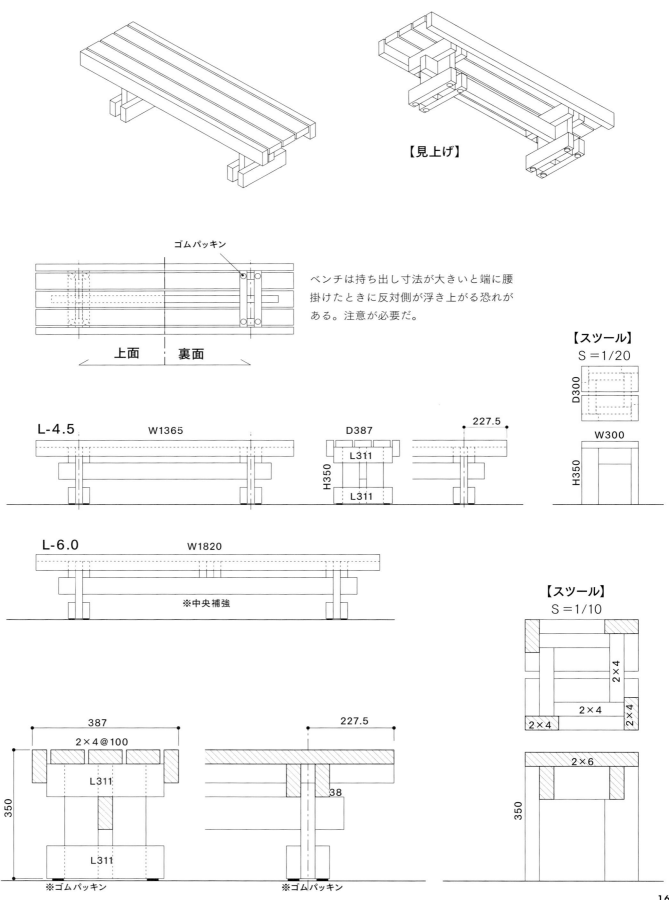

詳細図　デッキ用 テーブル・玄関:置き台

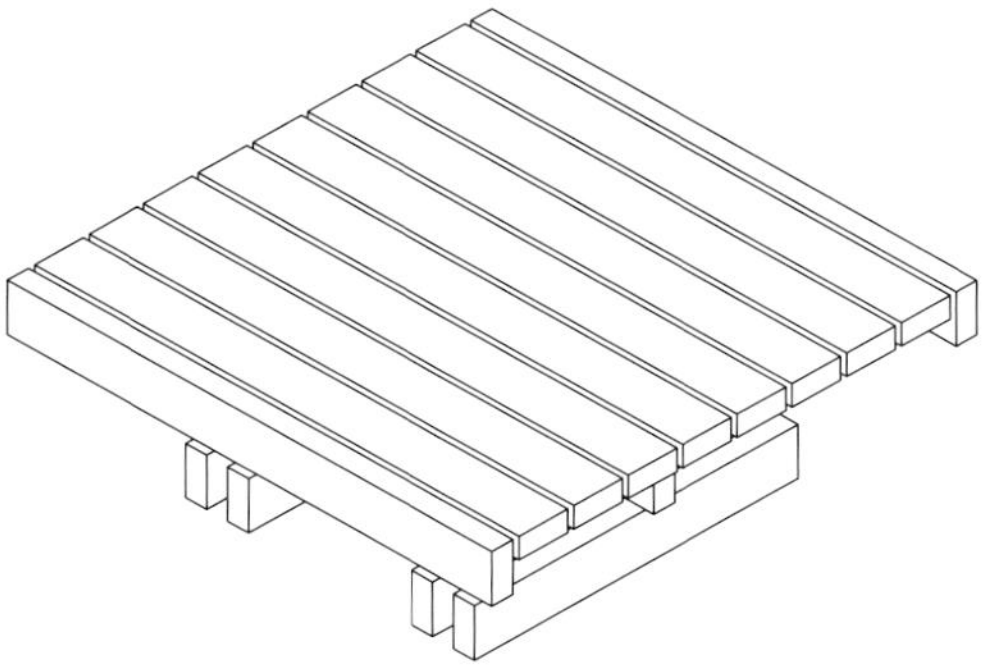

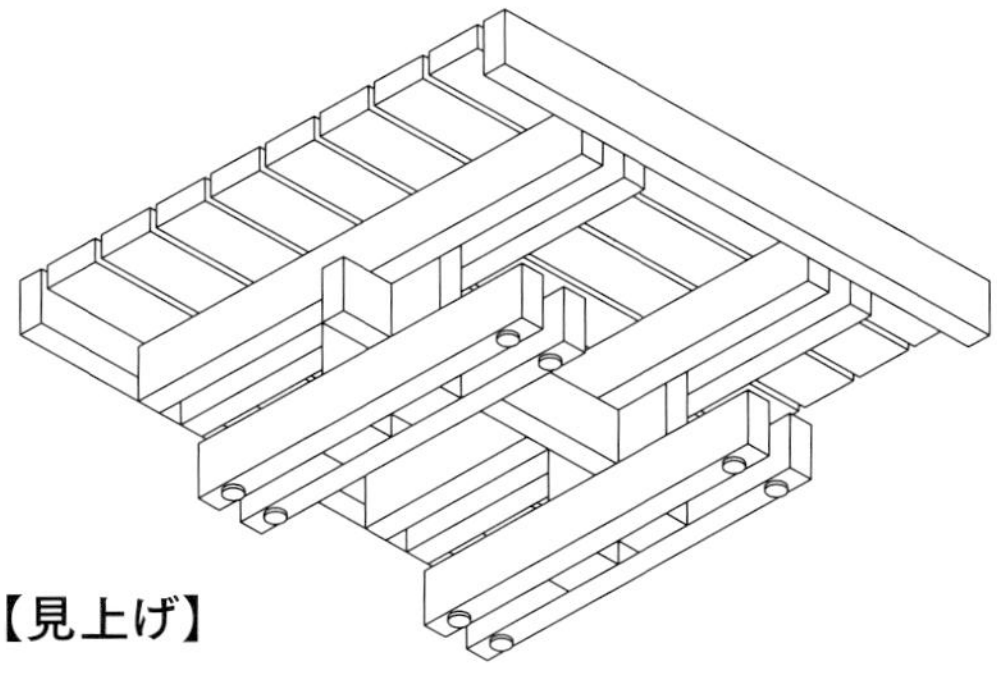

【見上げ】

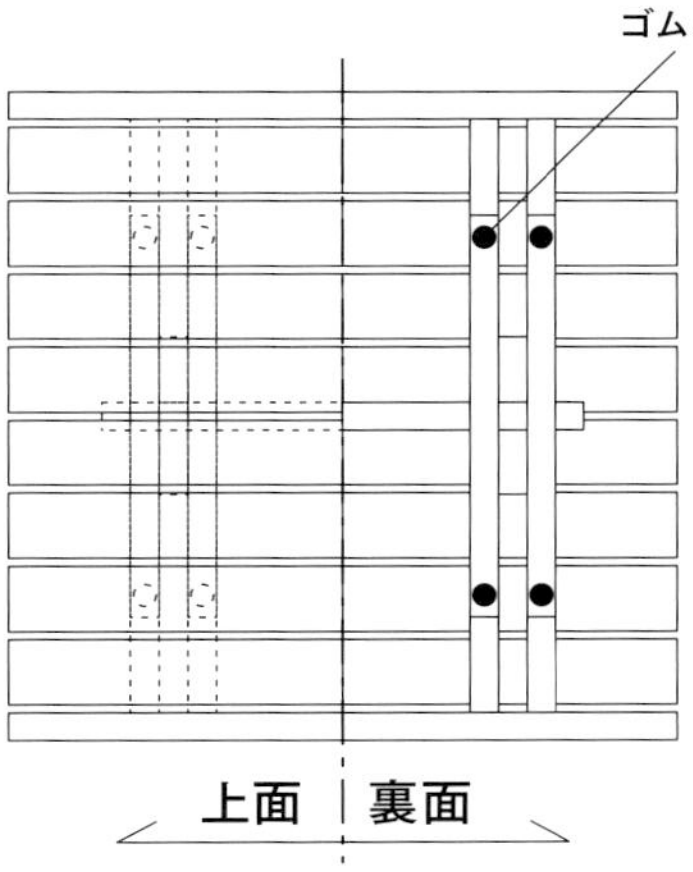

デッキに出れば腰かけたくなる 。ならばベンチが必要だし、テーブルもあった方がいい 。 デッキを構成する材料であるレッドシダー既製品のツーバイ材をそのまま活用して外部用の置き家具をデザインした 。レッドシダーを利用し始めて20年を超えるが、雨ざらしの状態でいまだに使い続けられている。さすがネズコ目だ。長持ちさせるコツはできるだけ部材を空気に触れさせる、木口の断面が増える欠き込みはできるだけ避ける等で、足下にはパッキンを当てて乾きやすいようにデザインしている。

置き台は買い物から帰って玄関の鍵を開ける際、仮に荷物を置くための台。

【置き台】S=1/20

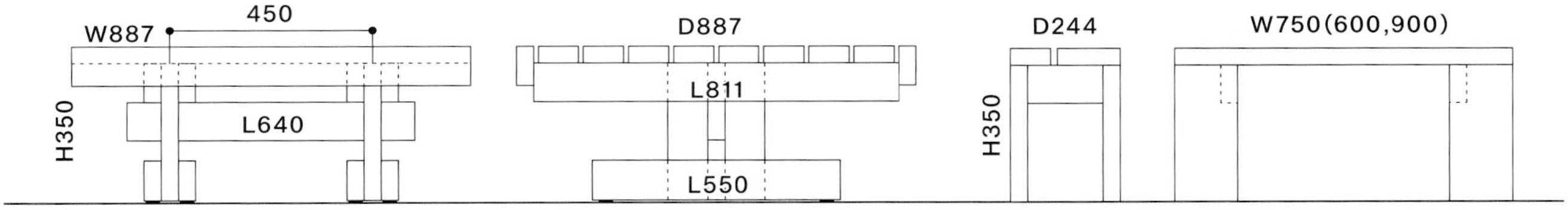

【置き台】
S =1/10

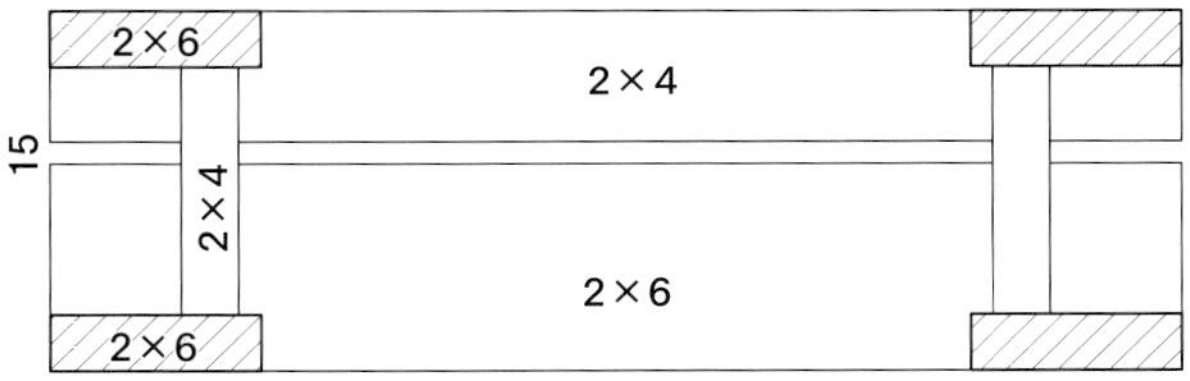

【テーブル】
S =1/10

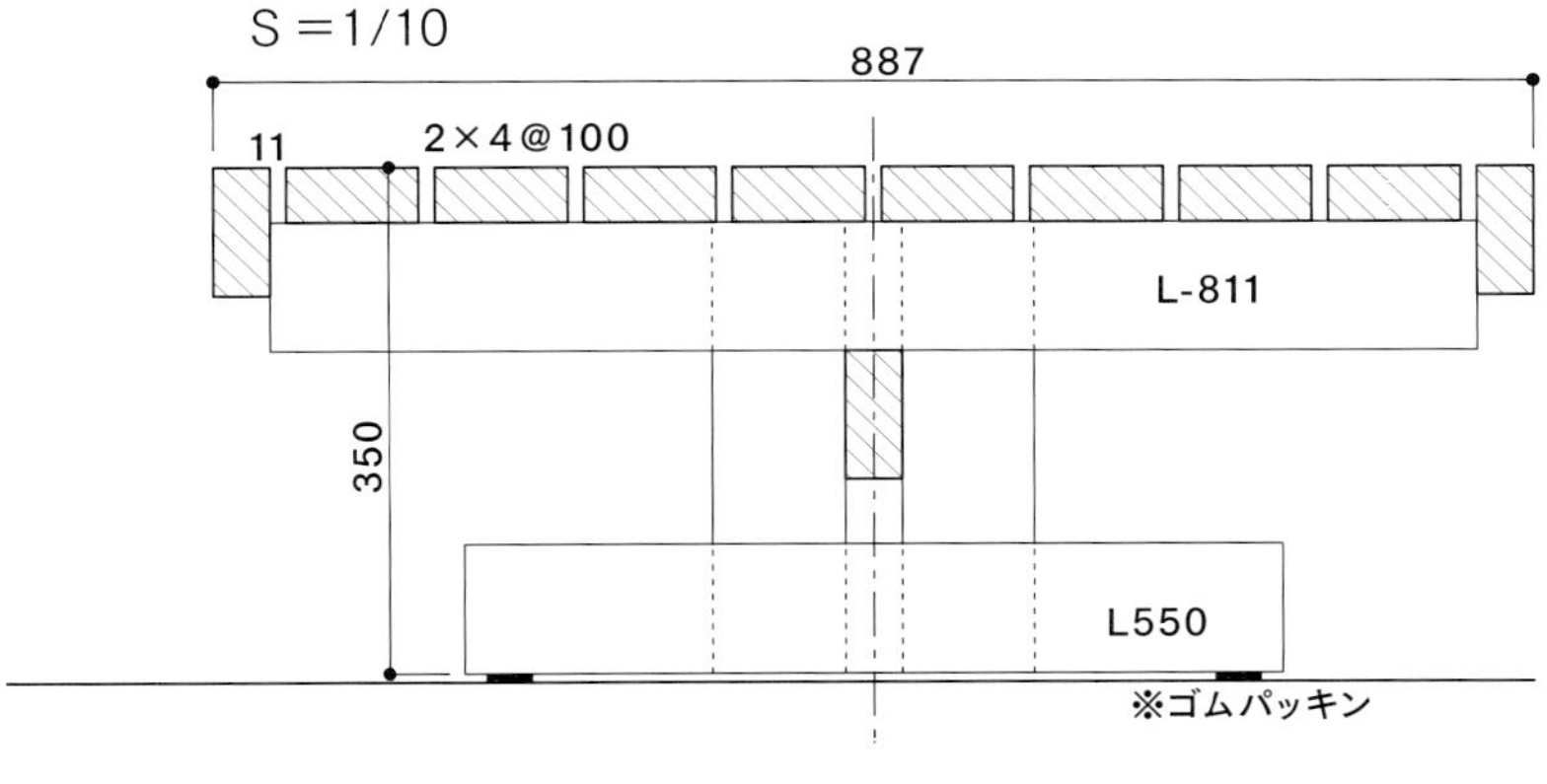

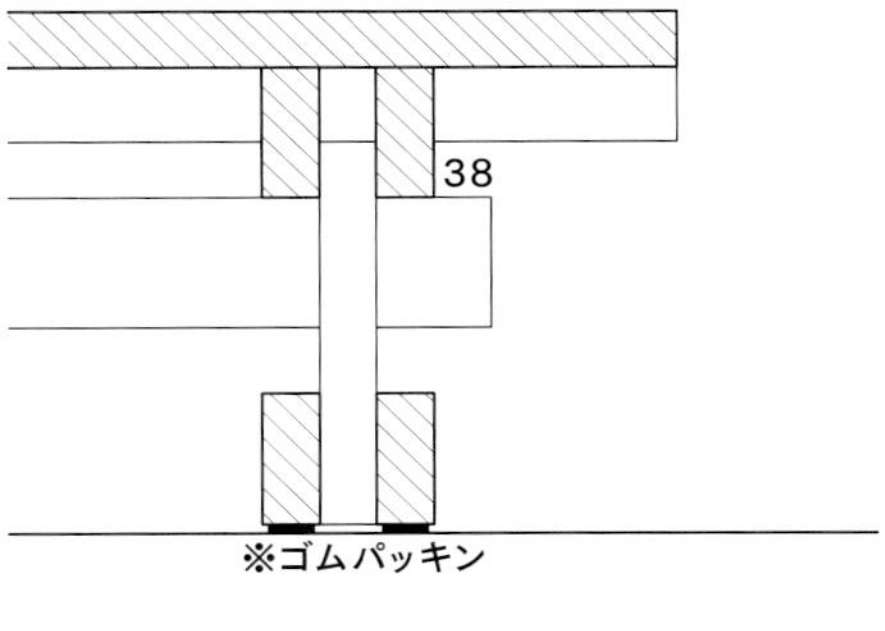

経歴

１９４８年（０歳）　東京都葛飾区柴又町に生まれる
　　　　　　　　　　０〜３歳まで従兄弟である高須賀晋氏と同居
１９５７年（９歳）　葛飾区新宿町へ転居
１９６４年（16歳）　東京都立墨田工業高校建築科入学
１９６５年（17歳）　工業高校生設計コンペ応募、入賞
１９６６年（18歳）　工業高校生設計コンペ応募、最優秀賞
　　　　　　　　　　東京都立墨田工業高校建築科卒業
　　　　　　　　　　圓堂建築設計事務所入所（１９６９年まで）
１９６７年（19歳）　万博パビリオン設計コンペ応募、落選
　　　　　　　　　　建築士会設計コンペ応募、入賞
１９６８年（20歳）　最高裁判所設計コンペ応募（事務所が参加）、入賞
１９６９年（21歳）　記念碑設計コンペ応募、落選
１９７０年（22歳）　日本大学芸術学部美術学科入学
１９７１年（23歳）　ＤＯＮ工房設立
１９７４年（26歳）　日本大学芸術学部美術学科卒業
　　　　　　　　　　結婚
１９７４−７８　　　海外旅行・旧ソ連
１９８２年（34歳）　栗の木小屋建設・栗の木祭り開催
１９８２−８７　　　軸組工法合理化コンペ応募、入賞
　　　　　　　　　　演劇公演　新宿ミニシアター：６回公演（マチネ２回）

作品リスト

太字は掲載作品。

１９７４年
スナック華……………東京都台東区　スナック　ＲＣ造平屋
フォーベルハウス……北海道函館市　スキーロッジ　ＲＣ造２階（未着工）

１９７５年
入間の家Ⅰ……………埼玉県入間市　専用住宅　木造２階

１９７６年
入間の家Ⅱ……………埼玉県入間市　専用住宅　木造２階
古川ビル………………東京都中央区　複合ビル　ＲＣ造５階

１９７７年
Ｗ医院増築……………埼玉県坂戸市　クリニック／住宅　増築
柏の家…………………千葉県柏市　専用住宅　木造２階
八潮高校追分寮………長野県佐久市　セミナーハウス　木造２階
入間の家Ⅲ……………埼玉県入間市　専用住宅　木造２階

１９７８年
ペアハウス久ケ原……東京都大田区　建売住宅　木造２階

１９７９年
ペアハウス坂戸Ⅰ……埼玉県坂戸市　建売住宅　木造２階
料理・浮島……………東京都品川区　料理屋　内装

１９８０年
大津の家………………滋賀県大津市　専用住宅　木造２階

１９８２年
草加の家Ⅰ……………埼玉県草加市　専用住宅　木造２階
メールブラッセ………滋賀県大津市　洋菓子舗　改装
栗の木小屋……………埼玉県入間市　山小屋　木造２階
りよ美容室……………埼玉県朝霞市　店舗／住宅　木造２階

演劇公演の台本やパンフレットなど

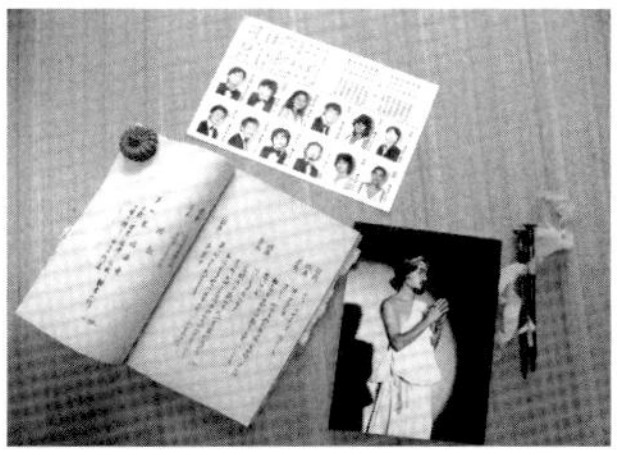

「バイアスゲームDON」

1987年(39歳)

「バイアスゲームDON」考案。日本発明学会5等賞受賞

1988-98

スズメの学校設立(校長)

鳥人間コンテストエントリー、落選

(グライダー設計:大野正博　揚力計算:吉田佳二)

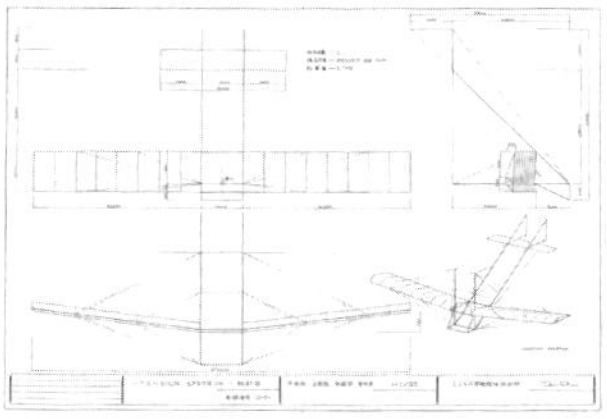

鳥人間コンテストのグライダー 設計図

町づくり設計コンペ応募、入賞

海外旅行・韓国(民家見学)

海外旅行・済州島(民家見学)

守山の家……滋賀県守山市　専用住宅　木造2階

1984年

ペアハウス坂戸II……埼玉県坂戸市　建売住宅　木造2階

豊玉の家……東京都練馬区　専用住宅　RC造3階

1985年

亀井野の家……神奈川県藤沢市　専用住宅　木造2階

鴻巣の家……埼玉県鴻巣市　専用住宅　木造2階

Yビル……東京都千代田区　店舗/事務所/住宅　RC造地下1階地上5階

宮寺教会小聖堂……埼玉県入間市　教会施設　木造2階

1986年

太平工業……埼玉県比企郡　事務所　木造2階

玉川絵画収蔵庫……埼玉県比企郡　収蔵庫　木造平屋

江古田の家……東京都中野区　専用住宅　木造2階

上福岡の家……埼玉県入間郡　専用住宅　木造2階

泉南の家……大阪府泉南郡　専用住宅　木造平屋

1987年

大塚犬猫病院……東京都中野区　動物病院　RC造3階

1988年

弘前の家……青森県弘前市　専用住宅　木造2階

桜木町ハウス……埼玉県大宮市　共同住宅　S造3階

那須の山荘……栃木県那須郡　専用住宅　木造地下1階地上2階

赤塚の家……東京都板橋区　住宅/共同住宅　S造3階

向陽学園計画……長崎県佐世保市　学校　RC造3階

1989年

日吉の家……神奈川県横浜市　専用住宅　木造2階

吉見写真工房……埼玉県比企郡　工房/住宅　木造2階

KH12……埼玉県坂戸市　集合住宅　RC造3階

大原の家……千葉県夷隅郡　専用住宅　木造平屋

草加の家II……埼玉県草加市　専用住宅　木造2階

駒林の家……埼玉県上福岡市　専用住宅木造2階

小竹町の家……東京都練馬区　専用住宅　木造2階

1990年

池ノ上の家……東京都世田谷区　専用住宅　RC造一部木造地下1階地上2階

長柄の家……千葉県長生郡　住宅/民宿　木造2階

玉川アトリエ……埼玉県比企郡　アトリエ　木造平屋

富士見台の家……東京都練馬区　専用住宅　木造2階

1991年

東村山の家……東京都東村山市　専用住宅　木造2階

かくれみの……埼玉県草加市　共同住宅　木造2階

MMGギャラリー……東京都港区　ギャラリー　内装

1998年（50歳）　運転免許証取得

愛用の定規

使い込んだ筆記用具

1992年

ペアハウス坂戸III……埼玉県坂戸市　建売住宅　木造2階
登戸の家……神奈川県川崎市　専用住宅　木造2階
吉祥寺の家I……東京都武蔵野市　専用住宅　木造2階
KH24……埼玉県坂戸市　集合住宅　RC造3階
西習志野の家……千葉県船橋市　専用住宅　木造2階
戸田動物病院……埼玉県戸田市　動物病院／共同住宅　S造3階

1993年

向島の家……東京都墨田区　専用住宅　木造2階
千歳台の家……東京都世田谷区　専用住宅　木造2階
屯I……東京都北区　共同住宅　木造一部RC造地下1階地上2階
成城の家……東京都世田谷区　専用住宅　木造2階
馬込の家……東京都大田区　専用住宅　木造2階

1994年

中野本町の家……東京都中野区　専用住宅　木造2階
保谷の家……東京都保谷市　専用住宅　木造2階
プランネット土呂……埼玉県大宮市　共同住宅　S造3階
川越旭町の家……埼玉県川越市　建売住宅　木造2階

1995年

吉祥寺の家II……東京都武蔵野市　三世帯住宅　木造2階
蓮田の家……埼玉県蓮田市　専用住宅　木造2階
屯II……1期工事　埼玉県草加市　共同住宅　木造2階
土岐の家……岐阜県土岐市　専用住宅　木造2階
浦和の家……埼玉県浦和市　専用住宅　RC造4階

1996年

西荻の家……東京都武蔵野市　専用住宅　改築
国分寺の家……東京都国分寺市　専用住宅　木造2階
川越の家……埼玉県川越市　専用住宅　木造2階
府中の家I……東京都府中市　専用住宅　木造2階
屯II……2期工事　埼玉県草加市　共同住宅　木造2階

1997年

伊東の家……静岡県伊東市　専用住宅　木造2階
阿佐ヶ谷の家……東京都杉並区　専用住宅　木造2階
豊玉ビル……東京都練馬区　専用住宅　S造2階
田無の家……東京都田無市　専用住宅　改装

1998年

祖師谷の家……東京都世田谷区　専用住宅　木造2階
鶴ヶ島の家……埼玉県坂戸市　建売住宅　木造2階
両国の家……東京都墨田区　リフォーム　S造3階
GRAIN……埼玉県浦和市　飲食店　RC造地下1階地上3階
土蔵……埼玉県上福岡市　書庫／書斎　改装

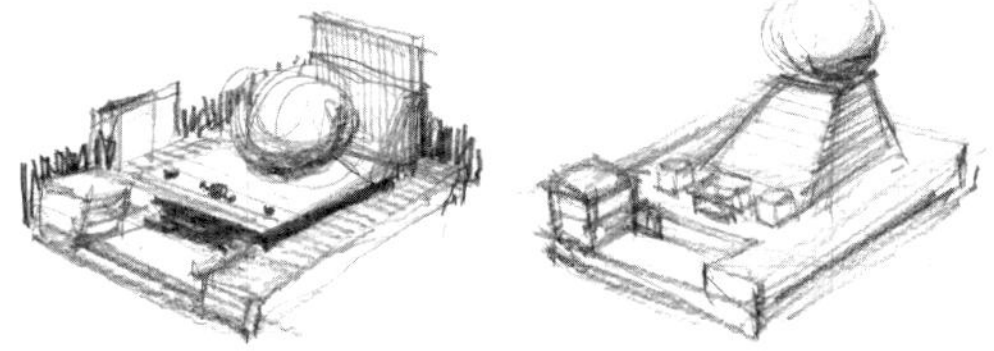

「専念寺墓石」設計時のスケッチ

2001年（53歳）　専念寺墓石デザイン

2002–08　集合住宅設計コンペ応募、入賞
海外旅行・ベトナム
海外旅行・中国南部
海外旅行・ネパール

1999年
津田沼の家……千葉県船橋市　専用住宅　木造2階
中野中央の家……東京都中野区　専用住宅　木造2階
東戸塚の家……神奈川県横浜市　専用住宅　木造2階
勝沼の家……山梨県東山梨郡　住宅／ギャラリー　木造2階
三咲の家……千葉県船橋市　専用住宅　木造平屋
ふじみのの家……埼玉県上福岡市　専用住宅　木造2階
蓼科の家……長野県茅野市　別荘　木造2階

2000年
船堀の家……東京都江戸川区　専用住宅　木造2階
調布の家……東京都調布市　専用住宅　木造2階
盆栽町の家……埼玉県大宮市　専用住宅　木造3階
立川の家……東京都立川市　専用住宅　木造2階
武蔵境の家……東京都武蔵野市　専用住宅　木造2階
東大和の家……東京都大和市　専用住宅　木造2階
吉祥寺本町の家……東京都武蔵野市　専用住宅　木造2階
椎名町の家……東京都豊島区　三世帯住宅　RC造3階
朝霞の家……東京都武蔵野市　専用住宅　木造2階

2001年
根岸の家……東京都台東区　専用住宅　木造2階
東麻布の家……東京都港区　専用住宅　木造2階
名古屋の家……愛知県名古屋市　専用住宅　木造2階
石神井台の家……東京都練馬区　専用住宅　木造2階
浦安の家……千葉県浦安市　専用住宅　木造2階
西ケ原の家……東京都北区　専用住宅　木造2階

2002年
都筑区の家……神奈川県都筑区　専用住宅　木造2階
鶴見の家……神奈川県横浜市　専用住宅　木造2階
松戸の家……千葉県松戸市　専用住宅　木造平屋
あむりたの家……千葉県浦安市　専用住宅　木造2階
下高井戸の家……東京都杉並区　専用住宅　木造2階
井の頭の家Ⅰ……東京都武蔵野市　専用住宅　木造一部RC造地下1階地上2階
練馬の家……東京都練馬区　専用住宅　木造2階
港北の家……神奈川県横浜市　専用住宅　木造2階

2003年
吉祥寺の家Ⅲ……東京都武蔵野市　専用住宅　RC造一部木造2階
千早の家Ⅰ……東京都豊島区　専用住宅　木造2階
狛江の家……東京都狛江市　専用住宅　木造2階
吉祥寺の家Ⅳ……東京都武蔵野市　専用住宅　木造2階
長津田の家……神奈川県横浜市　専用住宅　木造2階
高井戸の家……東京都　専用住宅　木造2階

2009-16

海外旅行・タイ

模型や雑貨が並ぶ棚

アトリエのデスクにはパソコンが並ぶ

2004年

等々力の家……東京都世田谷区　専用住宅　木造一部RC造地下1階地上2階
弦巻の家……東京都世田谷区　専用住宅　木造2階
大船の家……神奈川県鎌倉市　専用住宅　木造2階
自由が丘の家……東京都目黒区　専用住宅　木造2階
磯子の家……神奈川県横浜市　専用住宅　木造2階
希望ヶ丘の家……神奈川県横浜市　専用住宅　木造2階
緑区の家……神奈川県横浜市　専用住宅　木造2階
夏見台の家……千葉県船橋市　専用住宅　木造2階
八王子の家……東京都八王子市　専用住宅　木造2階
市川の家……千葉県市川市　専用住宅　木造2階
白鷺の家……東京都中野区　専用住宅　木造2階
国府津の家……神奈川県小田原市　専用住宅　木造平屋
高円寺の家……東京都杉並区　専用住宅　RC造2階
梅島クリニック……東京都足立区　病院／住宅　RC造2階
港南台の家……神奈川県横浜市　専用住宅　木造2階

2005年

黒磯の家……栃木県那須塩原市　専用住宅　木造2階
三原の家……広島県三原市　専用住宅　木造平家
小平の家……東京都小平市　専用住宅　木造2階
成田東の家……東京都杉並区　専用住宅　木造2階
那須野の家……栃木県那須塩原市　専用住宅　木造平家
百合ヶ丘の家……神奈川県川崎市　専用住宅　木造2階
軽井沢の家……長野県軽井沢町　専用住宅　木造2階

2006年

大泉の家……東京都練馬区　専用住宅　RC3階
東御の家……長野県東御市　別荘　木造平家
上井草の家……東京都杉並区　専用住宅　木造2階
中町の家……東京都世田谷区　専用住宅　木造2階

2007年

軽井沢の別荘……長野県軽井沢町　別荘　木造2階
上野桜木の家……東京都台東区　専用住宅　木造2階

2008年

町田の家……東京都町田市　専用住宅　木造平家
茅ヶ崎の家Ⅰ……神奈川県茅ヶ崎市　専用住宅　木造2階
井の頭の家Ⅱ……東京都三鷹市　専用住宅　木造2階
駒込の家……東京都文京区　専用住宅　木造2階

2009年

北鎌倉の家……神奈川県鎌倉市　アトリエ付住宅　木造2階
大森の家……東京都大田区　専用住宅　木造2階

2010年（62歳）　ゲーム「Qdon」考案

ゲーム「Qdon」

2010年
谷中の家……東京都台東区　専用住宅　木造2階
古河の家……茨城県古河市　専用住宅　木造2階
小金井の家Ⅰ……東京都小金井市　専用住宅　木造2階
名古屋の家Ⅱ……愛知県名古屋市　専用住宅　木造2階
府中の家Ⅱ……東京都府中市　専用住宅　木造2階
本木の家……東京都足立区　専用住宅　木造2階
所沢の家……埼玉県所沢市　専用住宅　木造2階

2011年
長柄の家Ⅱ……千葉県長生郡　別荘（リフォーム）　木造平家
青梅の家……東京都青梅市　専用住宅　木造2階
上十条の家……東京都北区　専用住宅　木造2階
茅ヶ崎の家Ⅱ……神奈川県茅ヶ崎市　専用住宅　木造2階
八千代台の家……千葉県八千代市　専用住宅（リフォーム）　木造2階

2012年
長岡の家……新潟県長岡市　専用住宅　木造2階
台の家……神奈川県鎌倉市　専用住宅　木造2階
目黒の家……東京都目黒区　専用住宅　木造2階

2013年
堀之内の家……東京都杉並区　専用住宅　木造2階

2014年
千早の家Ⅱ……東京都豊島区　専用住宅　木造2階
小金井の家Ⅱ……東京都小金井市　専用住宅　木造平家

2015年
松山の家……愛媛県松山市　専用住宅　木造2階
小金井の家Ⅲ……東京都小金井市　専用住宅　木造2階

2016年
逗子の家……神奈川県逗子市　専用住宅　木造2階
三鷹の家……東京都三鷹市　専用住宅　木造2階
飯能の家……埼玉県飯能市　専用住宅（モデルハウス）　木造2階
成田の家……千葉県成田市　専用住宅　木造2階

むすびに

日本人の感性は縄文時代から少しも変わっていない。それどころか文明に毒されて退化しているとさえ思う。文化や文明はハイスピードで発達するが、人の身体や感性は追随できない。竪穴式住居なら住人の感性になじまないものはないが、現代ではほとんどが時代性や経済性が優先された住宅しか建たない。なんとなく気持ちいい、なんとなく気になるといったふうに、人は自分の感性や直感で空間を把握するが、供給側はお構いなしに箱をつくっては人を押し込める。これでは住人のストレスの元。設計者は自分が住むつもりになって設計し、居心地のいい家を建て主に提供すべきだ。そうでないと日本人の感性の質は低下し、長年培われてきた建築文化も破壊されてしまう。設計者たちの一段の奮起を促したい。

「美」とは人間の本性や深層心理が色や形に現れたものと考えている。美的感覚は人によって違いもあるが美醜の判断には普遍性がある。それを建築に当てはめると、本能的な行動を受けいれつつ感性を心地よく刺激する形態や空間となる。普遍性をもった心地よい建築環境づくりを目指したい。

かつて宮脇檀さんが若い人に「手を練れ」と言っていたが、私は手と目と脳はつながっていると考える。鉛筆の先を見つめていないと線は引けないし、字も絵も描けない。私の父は「書は墨と墨の間の白い部分を書くもの」と言っていたが、黒を置いて白のスペースをイメージしてから次の黒を置く行為は脳を働かせないとできない。宮脇さんの言っていた「手を練れ」というのは「脳を練れ」と同義語だ。ＣＡＤ図を起こす前に鉛筆でスケッチをして欲しい。墨は消せないが鉛筆には消しゴムがある。納得のいく白が見つかったら鉛筆をマウスに持ちかえる。この繰り返しが建築脳を発達させる。ぜひ実

践してもらいたい。模型もいいが異なる縮尺の間を行き来はできない。右に鉛筆、左にマウスが理想的だが……。

これまでの建築人生でたくさんの人から影響を受け、お世話にもなった。高校時代、床のない平屋に住む宇都宮先生は刺激的な方だった。他の先生方や助手の河野先生にも感謝。圓堂建築設計事務所の圓堂先生は「まとめ上げる力」を力説されていた。マンツーマンで新人教育をしてくれた森川さんや、目を掛けてくださった諸先輩方のご恩もいただきっぱなしで、申し訳なく思っている。今でも圓堂建築設計事務所に復帰する夢を見るくらいだ。大学時代はバウハウスで学んだ山脇巌先生のカリキュラムによるデザイン教育を受けた。内容が建築的なこともあって意欲的に取り組んだせいか成績も良かった。このときの経験が現在の判断力の源泉になっている。工業デザインの清水先生とは卒業してからも研究室に時々顔を出して有意義な会話をさせていただいた。従兄弟にあたる建築家の高須賀晋さんの影響も大きい。高校生の頃はコンペの模型づくりをしたり、大学時代は図面やパースの手伝いもした。バーや居酒屋では為になる失敗談なども聞かせてもらった。厳しい人で、ダメは出されても褒められることは一度もなかった。

風土社の山下武秀会長から今回の作品集のお話をいただいたとき「自分でいいのだろうか」と正直のところ迷ったが、ありがたくお受けすることとなった。編集をしてくださったＰＥＡＫＳの上野裕子さん、平良敬一さんとの対談で仙台までご一緒いただいたり写真家の選定で無理なお願いを聞いていただいた風土社『チルチンびと』編集長の植林麻衣さん、同じく風土社の山本直人さん、デザインの佐野久美子さん、葛飾柴又や石川県の凧揚げ会場まで足を運んでくださった写真家の桑畑恒一郎さん。

皆様のおかげで私、大野正博の立派な作品集ができあがったことに感謝いたします。

大野正博

大野正博　MASAHIRO OONO

略歴
1948年　東京都葛飾区柴又町生まれ
1966年　東京都立墨田工業高校建築科卒業
　　　　圓堂建築設計事務所入所
1970年　日本大学芸術学部美術学科入学
1971年　DON工房設立
1974年　日本大学芸術学部美術学科卒業

DON工房一級建築士事務所
〒166-0004 東京都杉並区阿佐谷南3丁目35-15-205
TEL 03-3393-0121　FAX 03-3393-0122
http://donkobo.jp/

使用写真一覧
■桑畑恒一郎
カバー／6～17頁／19頁／25頁／30～31頁／32～33頁／169～172頁／175頁
■岡本茂男
34～37頁／40～45頁／46～52頁／72頁／146～153頁
■岡本寛治
54～58頁／60～65頁／70～71頁／74～80頁
■野寺治孝
66～67頁／82～87頁
■輿水 進
88～91頁
■垂見孔士
92～97頁／106～109頁
■相原 功
100～105頁／116～123頁
■西川公朗
110～115頁／124～127頁
■藤塚光政
128～135頁／136～139頁／140～144頁
■特記のない写真／DON 工房一級建築士事務所提供

建築家の心象風景 ❸

大野正博

2017年2月1日　第1刷発行

著者……………大野正博
発行人…………山下武秀
編集……………上野裕子（PEAKS）　植林麻衣　山本直人
デザイン………佐野久美子
発行所…………風土社
〒101-0065
東京都千代田区西神田1-3-6
UETAKE ビル3F
TEL 03-5281-9537
印刷・製本……東京印書館
Printed A.D.　高柳 昇
Printed trade　宮内健次

ISBN978-4-86390-039-4